Reihe: Innovation in den Hochschulen:
Nachhaltige Entwicklung
Herausgegeben von
Gerd Michelsen, Andreas Fischer und Ute Stoltenberg

Bd. 2:
Lebenswelt Hochschule
Raum-Bildung, Konsum-Muster und Kommunikation
für eine nachhaltige Entwicklung

Bd. 2 der Reihe „Innovation in den Hochschulen:
Nachhaltige Entwicklung"
Herausgegeben von
Gerd Michelsen, Andreas Fischer und Ute Stoltenberg

Die Reihe „Innovation in den Hochschulen: Nachhaltige Entwicklung" will die Informationen und Erfahrungen im Rahmen eines universitären Agendaprozesses weitergeben. Konsequenzen einer nachhaltigen Entwicklung für den Innovationsprozess an Hochschulen sollen zur Diskussion gestellt werden. Ziel ist eine ausführliche Auseinandersetzung darüber in Wissenschaft und Öffentlichkeit. Ausgangspunkt für die verschiedenen Veröffentlichungen in der Reihe ist das Projekt „Agenda 21 und Universität Lüneburg". Die Reihe wird herausgegeben von Prof. Dr. Gerd Michelsen, Prof. Dr. Andreas Fischer und Prof. Dr. Ute Stoltenberg, Universität Lüneburg.

Ute Stoltenberg (Hrsg.)

# Lebenswelt Hochschule

– Raum-Bildung, Konsum-Muster
und Kommunikation für eine
nachhaltige Entwicklung

VAS

Die Deutsche Bibliothek – CIP-Einheitsaufnahme

**Lebenswelt Hochschule**: Raum-Bildung, Konsum-Muster und
Kommunikation für eine nachhaltige Entwicklung /
Ute Stoltenberg (Hrsg.). – Frankfurt/Main: VAS, 2000
   (Reihe Innovation in den Hochschulen: Nachhaltige
   Entwicklung; Bd. 2)
   ISBN 3-88864-310-4

Das Projekt „Agenda 21 und
Universität Lüneburg" wird
gefördert durch die Deutsche
Bundesstiftung Umwelt.

UMWELT
STIFTUNG

©    2000 VAS – Verlag für Akademische Schriften
      Alle Rechte vorbehalten.

Herstellung/Vertrieb:
VAS, D-60486 Frankfurt, Kurfürstenstraße 18
Umschlag: Nach einem Entwurf von Stefan Behrens

Printed in Germany · ISBN 3-88864-310-4

# Inhaltsverzeichnis

## Teil I
## Theoretische Zusammenhänge

*Ute Stoltenberg*
Einführung
Raum-Bildung, Konsum-Muster und Kommunikation für
eine nachhaltige Entwicklung ........................................................ 9

*Ina-Maria Greverus*
Universität als lokale Öffentlichkeit? Räume verstehen,
gestalten, nutzen ........................................................................ 13

*Ingrid Breckner*
Raum-Bildung auf dem Campus – Vom naiven Konsum zur
selbstbestimmten Gestaltung von Lernräumen ............................ 29

*Ute Stoltenberg*
Die Dinge und wir ...................................................................... 53

*Uta von Winterfeld*
Konsum oder Nachhaltigkeit?! .................................................... 70

*Rainer Grießhammer*
Gut leben mit nachhaltigem Konsum .......................................... 84

*Ulrike Schell*
Nachhaltige Nutzungskonzepte – am Beispiel der
Verbraucher-Zentrale Nordrhein-Westfalen ................................ 99

*Lothar Mayer*
Tauschringe, lokales Geld und lokale Ökonomie.
Ohne Moos was los .................................................................... 113

## Teil II
## Handlungsangebote und Spielräume für nachhaltigen Konsum in der Lebenswelt Universität

*Antje Juckwer, Olaf Jungbluth, Oda Schreiber*
Nachhaltiger Konsum in der studentischen Lebenswelt:
Die Lüneburger Food-Coops „Ratatouille" und
„Korn Konnection" ................................................................. 122

*Klaus Hoppe*
Vom gesunden Wohnen bis zum Car-Sharing – ein
vielseitiges Projekt für einen lebendigen Campus ...................... 136

*Ulf Schrader*
MIETERMOBIL – Car-Sharing für Studierende.
Zielgruppenanforderungen und Nachhaltigkeitswirkungen ....... 140

*Ulrich Hellfritz*
Über Regionalisierung, Produkte aus der sogenannten „Dritten
Welt" und die Unwahrheit über den wirklichen Preis ................ 164

Autorinnen und Autoren ............................................................ 178

# Teil I
## Theoretische Zusammenhänge

Ute Stoltenberg

# Einführung

# Raum-Bildung, Konsum-Muster und Kommunikation für eine nachhaltige Entwicklung

Wenn eine Universität sich auf den Weg zu einem universitären Agenda-Prozess macht, gerät die Institution zunächst als Wirtschaftsbetrieb und als Ort von Studium, Lehre, Forschung und deren Verwaltung in den Blick. Sie ist jedoch zugleich Lebenswelt der Studierenden, Lehrenden und Verwaltungsangestellten. Der Raum Universität mit seiner dinglichen Ausstattung ist Erfahrungs- und Gestaltungsraum, in den man seine persönlichen und gesellschaftlichen Orientierungen einbringt und in dem man sie weiterentwickelt. Das Projekt „Agenda 21 und Universität Lüneburg" sieht deshalb in ihrem Konzept einer „Sustainable University" neben Vorhaben zum nachhaltigen Wirtschaften an der Hochschule, zur Einbeziehung des Nachhaltigkeitsgedankens in die Lehre, zur Entwicklung regenerativer Energiemodule zum Einsatz auf dem Universitätscampus oder zur Thematisierung des Nachhaltigkeitsgedankens durch Kunst auch lebensweltliche Anknüpfungspunkte zur Auseinandersetzung mit dem Leitbild und Konzept Nachhaltigkeit.[1]

Diese Aspekte wurden auf einem Workshop im Rahmen der ersten wissenschaftlichen Tagung des Projekts im Januar 2000 in Lüneburg unter Hochschullehrerinnen und Hochschullehrern, Studierenden und Ver-

---

1 Die ausführliche Begründung wurde in dem ersten Band dieser Reihe dargelegt: Stoltenberg, U. (2000): Lebenswelt Hochschule als Erfahrungsraum für Nachhaltigkeit. In: Michelsen, G. (Hrsg.): Sustainable University. Auf dem Weg zu einem universitären Agendaprozess. Frankfurt a.M.

waltungsangehörigen verschiedener Hochschulen aus der Bundesrepublik vorgestellt, diskutiert und weitergedacht. Die Beiträge dieses Workshops sind Grundlage dieses Bandes. Sie konzentrieren sich auf zwei Fragekomplexe:
- Wie nutzen wir die Räume, in denen wir leben und arbeiten, was beeinflusst uns dabei, wie können wir sie verstehen und im Sinne nachhaltiger Entwicklung gestalten?
- Was für eine Rolle spielt der Konsum in diesen Räumen? Wie und was konsumieren wir? Wie kann man Angebote nachhaltigen Konsums in der Lebenswelt Hochschule erfahrbar machen, sodass die zugrunde liegenden Überlegungen dazu thematisiert werden und das Leben selbst eine neue nachhaltigere Qualität gewinnt?

Dazu wurden aus verschiedenen Perspektiven Überlegungen angestellt. Ina Maria Greverus, Professorin am Institut für Kulturanthropologie und Europäische Ethnologie der Johann Wolfgang Goethe-Universität Frankfurt am Main, analysiert die Wiedergewinnung von Öffentlichkeit und diskursiver Praxis als zwei Voraussetzungen dafür, dass die Universität eine wichtige Rolle im Prozess nachhaltiger Entwicklung einnehmen kann. Mit dem Ziel, sich den Raum wieder anzueignen, entwickelt Ingrid Breckner aus Erfahrungen ihres Arbeitsfeldes der Stadt- und Regionalsoziologie auf der Grundlage eines komplexen gesellschaftstheoretischen Raumverständnisses einen Ansatz von Raumbildung durch eine differenzierte Raumwahrnehmung. Ute Stoltenberg fragt nach dem Verhältnis von Menschen und Dingen in Räumen. Dabei geht sie von dem Interesse aus, die sozialen und kulturellen Kontexte, in denen sich gemeinsam ein Verständnis und Handeln von Nachhaltigkeit entwickeln kann, besser zu verstehen.

Die folgenden vier Beiträge setzen sich unter verschiedenen Aspekten mit dem Verhältnis von Konsum und Nachhaltigkeit auseinander. Sie bieten damit einen anregungsreichen Kontext für die Entwicklung nachhaltiger Konsummuster in der Lebenswelt Hochschule: Die Diskussion über Herstellung, Verbrauch und Nutzen von Dingen nimmt Uta von Winterfeld vom Wuppertal Institut für Klima und Energie

# Einführung — 11

auf, wenn sie provokativ Konsum und Nachhaltigkeit gegenüberstellt. Rainer Grießhammer vom Öko-Institut Freiburg (der am Workshop nicht teilnehmen konnte, aber seinen Beitrag zur Verfügung gestellt hat) macht unter Bezug auf eigene Untersuchungen auf Produktfelder aufmerksam, in denen wesentliche Beeinflussungen von Stoffströmen und Umweltbelastungen erfolgen sollten, und zeigt Ansatzpunkte für nachhaltigen Konsum, die heute bereits stärker ausgeschöpft werden könnten. Am Beispiel der Arbeit der Verbraucher-Zentrale Nordrhein-Westfalen lenkt Ulrike Schell die Aufmerksamkeit vor allem auf nachhaltige Nutzungskonzepte. Lothar Mayer von der E. F. Schumacher Gesellschaft, München, führt in die Idee und jüngste Geschichte von Tauschringen als ein alternatives ökonomisches und soziales Modell ein, das unter der Frage nach einem nachhaltigen Umgang mit Ressourcen wieder (neu) aufgegriffen wird.

Konkrete Handlungsangebote und Spielräume für nachhaltigen Konsum stellen Vertreterinnen und Vertreter lokaler und studentischer Initiativen vor: Ulrich Hellfritz, Heinrich-Böll-Haus, Lüneburg, der vor allem den Aspekt globaler Fragen im Zusammenhang mit nachhaltigem Konsum thematisiert; Klaus Hoppe, Geschäftsführer der Campus GmbH Lüneburg, der verschiedene, an der Idee der Nachhaltigkeit orientierte selbstverwaltete studentische Projekte vorstellt, und Oda Schreiber, Antje Juckwer und Olaf Jungbluth, die interessante Einblicke in die Idee und Arbeitsweise zweier studentischer Einkaufskooperativen geben.

Ergänzt werden diese Beispiele von Praxisfeldern für nachhaltiges Konsumverhalten Studierender durch den Bericht von Ulf Schrader vom Institut für Markt und Konsum der Universität Hannover über ein Modellprojekt zum Car-Sharing für Studierende, der seinen Beitrag ebenfalls nachträglich zur Verfügung stellte.

Diese Diskussionen sollen an der Universität Lüneburg in Vorhaben zur Raum-Bildung und Raum-Gestaltung, zur Auseinandersetzung mit nachhaltigen Konsummustern und zur Verbesserung von Kommunikation einfließen. So wird an der Entwicklung von Räumen gearbeitet, die Gelegenheit und Anstöße zur fach- und gruppenübergreifenden Kommunikation über Fragen nachhaltiger Entwicklung innerhalb der Hochschule, zur Erfahrung nachhaltigen Konsums (zum Beispiel durch Angebote regionaler Produkte und solcher aus dem „Fairen Handel") geben und zugleich die Universität zu einem Ort lokaler Öffentlichkeit machen. Beispiele dafür sind eine Agenda-Bibliothek als Teil der Universitätsbibliothek, ein „Markt der Region und Fairer Handel" auf dem Universitätsgelände oder ein Agenda-Café. Eine an den Prinzipien von Nachhaltigkeit entwickelte Kultur des Umgangs mit den Dingen wird sichtbar an der Präsenz von studentischen Initiativen und Läden auf dem Campus, die sich diesen Prinzipien verpflichtet fühlen und das auch dokumentieren.

Ein hochschulübergreifender Diskurs über die Lebenswelt Hochschule unter der Perspektive nachhaltiger Entwicklung könnte derartige Initiativen verbreitern und damit die Universität insgesamt als Ort diskursiver Praxis stärken. Aus dem Spannungsverhältnis von Wissenschaft und eigener Lebenspraxis entstehen Innovationen, die auch von Menschen getragen und verantwortet werden können. Die Universität ist ein Raum für Experimente – für gedankliche, aber auch (z. B. hinsichtlich von Konsumformen) für praktische. Die Universität ist auch der Ort, an dem man solche Experimente thematisieren und wissenschaftlich reflektieren kann.

So wäre wünschenswert, dass auf diesen Band viele Reaktionen erfolgen, die in einen gemeinsamen Diskussions- und Gestaltungsprozess einmünden könnten. Dass der Band zustande kam, ist den Verfasserinnen und Verfassern der Beiträge und denjenigen, die bereits an praktischen Umsetzungen der Nachhaltigkeitsidee arbeiten, zu danken. Dass er auf den Weg gebracht werden konnte, dafür gilt der Dank Janina Lux, die das Manuskript erstellt hat.

Hamburg/Lüneburg, im August 2000
Ute Stoltenberg

Ina-Maria Greverus

# Universität als lokale Öffentlichkeit?
## Räume verstehen, gestalten, nutzen

Dieses Vortragsthema wurde mir gestellt. Ich habe es als Aufgabe, als Provokation und als Provokationsmöglichkeit angenommen.

Die eigentliche – und mir sympathische – Provokation: Hinsichtlich einer nachhaltigen Universität wird hier eine soziale und kulturelle Raum-Realität angesprochen bzw. ein Lernraum, ein Erfahrungsraum, eine Lebenswelt, eine lokale Öffentlichkeit. Das bedeutet einen konkreten Raum für menschliche Interaktionen und nicht einen virtueller Raum der lernenden Begegnung, nicht die anderen Orts praktizierte Fernuniversität.

Aber verträgt sich diese Stadtraum besetzende universitäre Gestaltung und Nutzung mit der Forderung einer sparsamen Ressourcennutzung und einer ökonomisch-ökologischen Effizienzsteigerung einerseits und den sozialisierten Individualisierungsschüben von Ausbildungseffizienz andererseits?

Ich provoziere nunmehr selbst:
*Universität als Effizienzschleuse und als Öffentlichkeitsloch.*

Ich beginne mit letzterem. Hinter der lokalen Öffentlichkeit steht in meinem Titel ein Fragezeichen. Mit diesem Fragezeichen wird auf die Kritik am Verlust und Zerfall der Öffentlichkeit verwiesen. Öffentlichkeit meint in diesem Zusammenhang sowohl die sozio-politische Dimension der diskursiven Praxis und Interaktion mit den eigenen und den fremden Anderen als auch den dafür zur Verfügung stehenden öffentlich zugänglichen Raum. Die Zugänglichkeit, sowohl zu

Diskurs und Interaktion als auch zum Raum, unterliegt kulturell festgelegten Zulassungen. Die intellektuelle Trauer um den Verlust der Öffentlichkeit gipfelt in der Trauer um den Verlust von Räsonnement und Streitkultur in einem öffentlichen Raum. Dieser Verlust, einschließlich der damit einhergehenden Privatisierungstendenzen, trägt auch dazu bei, dass immer mehr öffentlicher Raum zu – wie es Augé ausdrückt – Nicht-Orten degradiert wird (Augé 1994). Greffrath hatte dafür den Begriff des Öffentlichkeitslochs eingeführt, das wie das Ozonloch kaum zu reparieren sei: „Die Zeit der alten Öffentlichkeitsarenen, der Städte und Plätze, geht zu Ende. Die Bibliotheken, Universitäten, Parlamente, die Volksbildungsinstitutionen werden noch mitgeschleppt, doch langsam, und unter Beibehaltung alter Namen und Oberflächen, zentralisiert sich die Kommunikations- und Herrschaftsstruktur der Gesellschaft. Das ‚Prinzip Diskurs‘, auf das Europa ein paar schöne Jahrhunderte hinzustreben schien, wird überlagert vom ‚Prinzip Reiz-Reaktion‘" (Greffrath 1988).

Die Universität: statt Öffentlichkeitsarena ein Öffentlichkeitsloch, statt Streitkultur zentralisierte Wissensvermittlung? Nicht-Ort statt lokale Öffentlichkeit?

Ich komme zur Universität als Effizienzschleuse.
Effizienz, ja Effizienzsteigerung, ist schon immer ein wichtiger Begriff in der ökonomischen Diskussion gewesen. Im Rahmen der Nachhaltigkeitsdebatte wird er um die ökologische Dimension erweitert: „Effizienzsteigerung im Energie- und Materialeinsatz im Sinne einer ökologischen Produktion" (Stoltenberg/Michelsen 1999, S. 47). Und unter der Dimension Ökologie im Kontext der Nachhaltigkeit heißt es bei Stoltenberg und Michelsen: „Eine nachhaltige Entwicklung hat sich ganz wesentlich am Ziel der Natur- und Umweltverträglichkeit zu orientieren. Dabei werden die Erhaltung der Artenvielfalt (Biodiversität) und die Sicherung der Regenerationsfähigkeit der natürlichen Lebensgrundlagen wie Boden, Wasser, Luft, Flora und Fauna zu zentralen Kriterien bzw. Indikatoren" (ebd.). Im Campus Courier 2, 1999, wird auf die „fehlende,Verantwortungsgesellschaft Hochschu-

le'" verwiesen, wobei es um die Schonung von Energie und Ressourcen an Hochschulen geht, hier um die Senkung von 12 Millionen Kilowattstunden des geschätzten Energieverbrauchs an deutschen Hochschulen. Die Copernicus-Charta intoniert die „Ökologisierung von Lehre und Forschung" hinsichtlich Umweltschutz und nachhaltiger Entwicklung (Kuckartz 1996, S. 34).

Was mir fehlt, ist die Thematisierung der Universität selbst als ein eigener Lebensraum mit ihrer Balance zwischen Ressourcennutzung und Populationsentwicklung und der Effizienz und Nachhaltigkeit ihrer Entwicklung eines humanen Kapitals. Diese Frage habe ich bereits 1984 anlässlich des zehnjährigen Bestehens unseres Instituts gestellt: „Zur Frage der Effizienz ökologischer Nischen im universitären Bereich" (Greverus 1984). Ich gehe dort zunächst auf den Wandel ein von den universitären Reformforderungen der 60/70er Jahre nach Problemrelevanz von Lehre und Forschung, also Bildung durch praxis- (d. h. gesellschafts)orientierte Wissenschaft, zu den späteren Effizienzforderungen, die keinesfalls nur von der Wissenschaftsbürokratie kommen, auf Wissenschaft als praxis- (d. h. berufs)orientierte Ausbildung. Das nenne ich die Effizienzschleuse: Der Studierende wird schnell (Regelstudienzeit) und damit kostengünstig und berufseffizient, d.h. fachkompetent (ich möchte den Ausdruck fachidiotisch vermeiden) durch die Ausbildungsinstitution Universität geschleust.

Für eine Streitkultur bleibt da keine Zeit. Auch nicht für die „Reste wohltuend archaischer Freiheiten [der alten Universität], die den Studenten die Möglichkeit gaben, Art und Dauer ihres Studiums selbst zu bestimmen" (Peisert/Framhein 1980, S. 14). Will das Projekt „Agenda 21" mit den „besseren Chancen für Querdenker" (Campus Courier Nr. 2, 1999) und weiteren Qualifikationsmöglichkeiten die Schleuse wieder zu einem breit dahinfließenden Wissensfluss machen, in dem man sich kreuz und quer freischwimmen kann?

Ich habe von einem Lebensraum Universität gesprochen, in den ich die „Diversität" der Fächer und Institute als ökologische Nischen einordne. Als ökologische Nischen bezeichnen wir eine Minimalumwelt, die für die Existenz einer biologischen Art unter Beibehaltung des ökologischen Gleichgewichts, d.h. der Balance zwischen Ressourcennutzung und Populationsentwicklung, notwendig ist. Die Selbstregulationsfähigkeit als charakteristische Eigenschaft von Lebensgemeinschaften in einem Ökotop beruht auf der Ausgleichsmöglichkeit der Mitglieder untereinander und mit ihrer Umwelt. Günstige Lebensräume, die eine Vielzahl von ökologischen Nischen haben, lassen die Entwicklung zahlreicher Lebensformen zu, die aufgrund der möglichen Wechselseitigkeit eine relative Stabilität erreichen. Ungünstige Lebensräume dagegen widerstreben der Herausbildung differenter Lebensformen, tendieren zur Massenvermehrung nur einer Lebensform und erweisen sich als Massenwechselgebiete, die einer Störung des ökologischen Gleichgewichts Vorschub leisten. Dazu werden auch die von Menschen geschaffenen Monokultur-Gebiete gerechnet.

Im biologischen Konzept, von dem ich hier zunächst ausgegangen bin, ist die physiologische Nahrungskette der zentrale Angelpunkt für die Erhaltung des ökologischen Gleichgewichts und die Existenz einer Vielzahl ökologischer Nischen. Gehen wir vom Menschen speziell aus und seinen Bedürfnissen an ein Ökotop und in einer Lebensgemeinschaft, müssen wir die Zentralität der physiologischen Nahrungskette um weitere konstante und historisch investierte Bedarfslagen erweitern. Die menschlich dominierten Ökosysteme sind sicherlich die dynamischsten und instabilsten, deshalb auch den stärksten Gleichgewichtsstörungen ausgesetzt. Die „Monokultur" Machtkonzentration, Zentralisierung und Verwaltung tendiert zur Überlagerung (Massenvermehrung nur einer Lebensform!) der Vielzahl ökologischer Nischen für eine Vielzahl von Lebensformen, die zur Selbstregulation fähig sind und damit verhältnismäßige Stabilität ausbilden. So vermehrt diese Monokultur die ungünstigen Lebensräume. Die „Wiederherstellung des Gleichgewichts" beruht nicht mehr auf Wechselseitigkeit. Aus diesem Grunde stellt auch Bennett in seiner Untersuchung über „The Ecological Transition" (1976) die soziale Kontrolle in das Zentrum seiner Forderungen, die letztendlich auf die Wiedergewinnung sich selbst kontrollierender und damit regulierender ökologischer Nischen in einem „fruchtbaren" Gebiet zielt.

Kann man diese Forderung auch auf Universitäten übertragen? Universitäten sind Lebensräume besonderer Art, die als Nahrung „Bildung durch Wissenschaft" zur Verfügung stellen sollen. Ihre Fähigkeit zur Selbstregulation, das heißt zu einem dynamischen Gleichgewichtsprozess und der Balance zwischen Ressourcennutzung und Populationsentwicklung, hängt davon ab, ob sie sich als günstige Lebensräume entwickeln können, in denen der fruchtbare dynamische Prozess des offenen Systems Oikos – vom bewegenden Input und bewegter, d.h. aber auch innovativer Verarbeitung (Output des Systems und Feedback) – stattfinden kann. Es hat sich gezeigt, dass die Monokultur „Bildungsplanung" weniger Hilfe zur Selbsthilfe (bzw. Selbstregulation) darstellte, sondern durch ihre Vereinheitlichungstendenz eher Lähmungserscheinungen hervorrief: verwaltete „Massenwechselgebiete"; verwaltete „Massenvermehrung nur einer Lebensform" (der unerwünscht-erwünschte „Regelstudent" gegen den ebenso unerwünscht-erwünschten nur-lehrenden Hochschullehrer in Massenveranstaltungen, der evtl. in seinem Forschungssemester – dann aber ohne Studenten – forscht); Rückgang der ökologischen Nischen Institute, in denen sich bei mehr Autonomiegewährung die innovative Verarbeitung des Reform-Inputs aufgrund einer notwendigen Wechselseitigkeit sicher besser – vielleicht mit etwas längerem „Chaos" – reguliert hätte.

Die interdisziplinären und die praxisorientierten Ansprüche an die Lehrenden und Lernenden der Universitäten werden erst ermöglicht, wenn sich der fachimmanente dynamische Gleichgewichtungsprozess wieder einstellt, wenn der Sinn des Studiums als eine gesellschaftliche Aufgabe wiedergefunden wird.

Das ist nicht nur eine Frage von Finanzen und Kapazitätsberechnungen (bei denen die sogenannten „kleinen Fächer" meistens schlechter als die Massenfächer abschnitten), sondern auch der internen Kooperationsmöglichkeit und Freiheit, wissenschaftliche Phantasie zu entwikkeln. Und da hatten es die kleinen Fächer an den alten Universitäten (Ethnologie z. B. ist an den neuen Universitäten und Gesamthochschulen kaum vertreten), die von der Planungs- und Verwaltungsbürokratie innerhalb und auch außerhalb der Universitäten vergessen – und dadurch auch verschont – wurden, sicher besser. Deren „Modellversuche" hinsichtlich einer inhaltlichen und lernformorientierten Studienreform wurden zwar nicht finanziert (und „honoriert"), dafür „liegt die hochschulpolitische Steuerung dieses Reforminstrumentes [aber auch nicht] praktisch völlig in Händen der staatlichen Kultusbürokratie" (Greverus 1984, S. 14ff.).

Ich gehe dann in meinem Beitrag von 1984 auf das Projektstudium oder das „forschende Lernen" in unserem Institut ein, bei dem Lehrende und Lernende in einen mehrsemestrigen Dialog mit den zu erforschenden Anderen treten. Wir können das auch als den Versuch einer Wiedereroberung von lokaler Öffentlichkeit bezeichnen, die sich einmal auf den Diskurs zwischen Lehrenden und Lernenden an der Universität (die Projektvorbereitung und -aufbereitung) bezieht, und zum anderen auf die Kommunikation und Interaktion mit den fremden Anderen im Feld, die dort, in der face to face-Begegnung, eben sehr nahe rücken. So finden wir den „ethnographischen Blick" als Blickwechsel zwischen „ich/wir" und „du/ihr". Ein langfristiger Prozess, bei dem die humane Effizienz über Verstehen, Mitgestalten und manchmal Mitnutzen der öffentlichen Räume geht:
*Universität als Erfahrungsraum und das fremde Feld als Erfahrungsraum. Nachhaltige Entwicklung?*

Wenn im Konzept der nachhaltigen Entwicklung meistens von Energieeinsparung die Rede ist, geht es mir hier um die Freisetzung von Energie im Sinne von en-ergeia als Wirkendes. Das ist mit menschlicher Anstrengung verbunden, die Lebensräume, die eigenen und die fremden, zu verstehen, sich ihnen, ihrer Gestaltung und Nutzung, forschend zu nähern und aus dieser Erfahrung in einem kulturellen Prozess Gestaltung und Nutzung zu erhalten und weiterzuentwickeln

Universität als lokale Öffentlichkeit? ──────────── 19

im Eigenen – und dem Fremden Anregungen zu geben. So ist der Forschungsdialog in einen Gestaltungsdialog zu überführen. In diesem – hoffentlich – Dialog hier bei der Tagung geht es um einen Gestaltungsdialog Universität als Raum der Öffentlichkeit. Es geht um den Entwurf einer neuen Universitätskultur.

In zahlreichen Untersuchungen unseres Instituts für Kulturanthropologie und Europäische Ethnologie haben wir mit dem von mir entwickelten Raumorietierungsmodell praktikable Erfahrungen gemacht. Seine vier Kategorien – die instrumentale, die kontrollierende, die soziokulturelle und die symbolische Raumorientierung – werden als menschliche Lebensbedürfnisse an den Raum gesehen. Die Befriedigung dieser Bedürfnisse ist mit individuellen und kollektiven Konflikten und Identifikationen verbunden. Eine These besagt, dass die Chancen für eine solidarische Zusammenarbeit der Raumnutzer hinsichtlich der Interessenvertretung für ihren Lebensraum desto größer ist, je stärker in eine räumliche Entwicklungsplanung eine kollektive Konfliktlösungsstrategie einbezogen wird (Greverus 1979; Greverus 1997). Das meint eine Strategie von unten.

Die Nachhaltigkeit der Entwicklung würde damit also auch von der Partizipation der Betroffenen abhängen. Hier setzt die Kritik an dem Konzept „sustainable development" an, das als ein „topdown"-Konzept versucht, „notwendige Veränderungen von oben nach unten durchzusetzen, wodurch zunächst einmal bestehende Strukturen festgeschrieben werden" (Stoltenberg/Michelsen 1999 S. 46). Was hier insbesondere für die sogenannte Dritte Welt hervorgehoben wird, gilt auch für die Konfliktherde in den Krisenzonen der westlichen Lebensräume, in denen die Raumorientierungen nicht mehr befriedigt werden. Die Universitäten – als immerhin Rudimente der alten Öffentlichkeitsarenen – könnten hier die Sprachrohre einer Streitkultur werden, die auf den eigenen und den fremden Verlust an befriedigenden Raumorientierungen hinweist. Zurecht verweisen Stoltenberg und Michelsen darauf, dass „wortreiche Verzichts- und Selbstbescheidungsbekundungen wenig Erfolg" haben werden (ebd., S. 47) und fordern neue Lebensweisen, die „auf die Erfahrung vermehrter Lebensfreude durch sinnvolle Arbeit, intensive Begegnung und Kommunikation, durch Bildung und Kultur zielen". Die Universität: statt Raum von Wissenskonsum eine neue Öffentlichkeitsarena für nachhaltige Konzepte der Raumgestaltung und -nutzung? Hier möchte ich einige Gedanken aus dem Erfahrungsbereich unseres Instituts zur Diskussion stellen. Ich gehe dabei von einem über das „wissenschaftliche Wissen" hinausreichenden kritischen Potential aus, das uns selbst als „Betroffene" und die von uns befragten „Betroffenen" handlungsfähig macht (vgl. dazu Stoltenberg/Michelsen 1999, S. 1).

Das *ethnographische forschende Lernen* beinhaltet einen Prozess, der zum Dialog mit dem Anderen führt und – im Idealfall – diesen und mich solidarisch und handlungsfähig macht. Als Gruppenprozess (Projektstudium) erweitert sich der Anspruch in die Universität hinein auf den Dialog zwischen Lehrenden und Lernenden und den „erforschten" Anderen. Der je Andere hat die Chance, im Diskursraum seine eigene Position, auch Opposition, zu entwickeln und sich – erfahrungsbereichert – aus dem Dialog zu entfernen, sich in neue Dialoge und neue Gestaltungen und Nutzungen zu begeben. Beispiel Modellanalyse Dorferneuerung: Am Ende steht ein Gedicht, aus dem ich hier einige Zeilen zitieren will:

*(1) In Frankfurt an de Uni,*
*sinn' de Doktorn rumgerannt.*
*„Do git's nix zu schaffe,*
*mir gäihn jetzt uff's Land".*
Refrain: *Waldamorbach hier,*
*Waldamorbach dort,*
*mir sinn jetzt in Hesse*
*der allerschennste Ort.*

*(2) Sie fohrn durch gonz Hesse,*
*an jed' klonie Scheiern,*
*und suche e Dirfsche,*
*des welle se erneiern.*

# Universität als lokale Öffentlichkeit?

Refrain
(...)

*(4) Sie gäihn zu de Leid:*
*soche: „Mir bierre Eich Geld,*
*Wenn de Eier Haiser so umbaut,*
*wie uns des gefällt".*

Refrain
(...)

*(10) Die Arbeit is um nou,*
*un alles is erneiert,*
*drum wird jetzt mo heegesetzt,*
*und ordentlich gfeiert.*

Refrain
*(In: Haindl 1986, S. 404)*

Dieses Gedicht wurde anlässlich der Wiedereröffnung des alten Backhauses beim Abschlussfest zur Dorferneuerung vorgetragen. Diesem voraus ging eine mehrjährige interdisziplinäre Forschung mit Studierenden aus den Fächern Kulturanthropologie, Kunstgeschichte/Denkmalschutz und Architektur (Greverus et al. 1982), die in enger Zusammenarbeit mit politischen Entscheidungsträgern und Restaurierungsexperten und vor allem den Dorfbewohnern stand. Da einige von uns restaurierte Fachwerkhäuser besaßen, luden wir die Bürger zu einer Besichtigungsrundtour ein. Die Ergebnisse unserer Recherchen wurden immer wieder rückgekoppelt. Eine studentische „Anwaltschaft" hatte regelmäßige Sprechstunden im Dorf. Unsere Anwaltsforderung wurde später als Vorlaufphase in den Maßnahmenkatalog zur Dorfentwicklung aufgenommen (Haindl 1994). In einer Folgearbeit wurde mit den Dorfbewohnern gemeinsam ein Ortsarchiv eingerichtet (Meyer-Palmedo 1985). Das Projekt hatte nicht nur eine neue Raumnutzung in den Dörfern zur Folge, sondern auch eine neue und intensive Raumnutzung an der Universität, die allerdings nur möglich war, weil unser Institut auch nachts und an Wochenenden zur Arbeit und Diskussion genutzt werden konnte.

Beispiel Solidaritätsarbeit Nicaragua: Anlässlich des Kolumbusjahrs 1992, wollten wir wieder in einem Forschungsprojekt mit Studierenden die kontroverse Thematisierung dieses „Ereignisses" zwischen Entdeckung und Unterwerfung untersuchen (Greverus/Römhild 1994). Wir konzentrierten unsere Spurensuche auf Frankfurt, Dietzenbach und Genua. Dietzenbach, eine hessische Industriestadt im Süden Frankfurts, in der ein ehemaliger Student von uns Kulturamtsleiter war und ein damaliger Student ein Praktikum machte, wurde aus zwei Gründen für uns bedeutsam. Der eine war der „Bildersturm in Dietzenbach" (Klös 1994). Im Rahmen einer Städtepartnerschaft mit Masaya in Nicaragua sollte in Dietzenbach am neuen Rathaus ein großes Wandbild von nicaraguanischen Künstlern geschaffen werden. Der lokalpolitische Streit um das „kommunistische" Wandbild mit seiner Darstellung der Ausbeutung der indianischen Bevölkerung führte zu dessen „Archivierung". Der andere Grund unseres Interesses für Dietzenbach war der Verein Monimbó (der Name bezieht sich auf einen vor allem von einer indianischen Bevölkerungsgruppe bewohnten Ortsteil Masayas), der 1979 gegründet wurde und seitdem Solidaritätsarbeit für Nicaragua leistete. Dessen Kolumbusjahr-Projekt war an das Projekt „Emanzipation und Lateinamerikanische Identität 1492–1992" (Universitätsprojekt Mexico City mit Studenten der Sozialwissenschaften) angebunden (Constable/Meier 1994). Auch hier schuf unser Institut, über die Recherchen vor Ort hinaus, wieder sozialen und lokalen Raum für die jenseits von „Schein"veranstaltungen stattfindenden Diskussionen und Kontroversen der Arbeitsgruppe (z.B. um Problematik der Sonderrechte für Indianer vs. Rechte der ausgebeuteten Klasse: Mestizen und Indianer). Lange nach diesen Diskussions- und Arbeitszusammenhängen führten mich zwei Forschungsaufenthalte 1998 und 1999 nach Nicaragua (Greverus 2000). Meine Aufnahme der Beziehungen zu Entwicklungsexperten und Solidaritätsgruppen führten mich auch in den Regenwald an der Atlantikküste und zu dem Umweltprojekt „Bosawas" der GTZ (Deutsche Gesellschaft für technische Zusammenarbeit), das unter anderem in Zusammenarbeit mit der einheimischen Atlantikuniversität durchgeführt wird. Eine Studierende unseres Instituts hat ein Praktikum bei der GTZ bekommen, das sich zu einer Examensarbeit erweitern soll: Agrarfront im Regenwald. Es geht um das Vordringen von Landwirtschaft und Bergbau in den Regenwald (hier: going East) und die Situation, die in einem solchen Grenzgebiet zwischen Einheimischen und „Pionieren" entsteht.

Beide Projekte, das Kolumbus-Projekt und das Agrarfront-Projekt, können mit verschiedenen Punkten der „Strategien als Medium des Lernens von Nachhaltigkeit" (Stoltenberg/Michelsen 1999) in Verbindung gebracht werden: Einbezug der kulturellen Wissensbestände (auch des tradierten Wissens) vieler Anderer, Schulung des ethnographischen Blicks, Arbeit der Sinne an fremden Orten und am eigenen, auch als Protestpotential, schließlich die Organisation von lokaler Öffentlichkeit an verschiedenen Orten und die Erfahrung von Solidarität als Begegnung und Anteilnahme.

*Öffnung der Universität für autonome Gruppenarbeit und selbstgestaltete Sommerakademien:* Bei den weiteren Vorschlägen will ich mich kürzer fassen. Sie bauen alle auf den Erfahrungen des ethnographischen forschenden Lernens auf, das „nach Hause" gebracht wird. So könnte das in Projektarbeit Gelernte öffentlich gemacht werden, z. B. in Diskussionsgruppen mit ausländischen Studierenden, mit gesellschaftlichen Minderheiten, mit Schulklassen, mit Kindergruppen. Hier könnte die „Arbeit der Sinne" über alternative und bewährte Zugänge weitergeführt werden – in Wahrnehmungsspaziergängen, in gemalten, gebauten und computersimulierten Zukunftsvorstellungen, in Fotoreportagen, in Performances als „Übersetzung" der Alltagserfahrungen, alles Zugänge die wir uns in unserer Projektarbeit angeeignet haben. Neben der „Lebensfreude durch sinnvolle Arbeit" sollte für die gestaltenden Studierenden allerdings auch eine studienrelevante Anerkennung stattfinden: als Semesterarbeit, als Projekt oder Praktikum, als Studienzeitverlängerung. Die Freisetzung von menschlichen Energien würde durch die sinnvolle Nutzung von brachliegenden Raumressourcen ergänzt.

*Eine andere Streikkultur* sollte gefördert werden, die nicht Niederlegung der Arbeit, sondern deren Erweiterung zu „Eigensinn als Protest- und Veränderungspotential" in die lokale Öffentlichkeit Universität und ihr Umfeld, einschließlich der Medienöffentlichkeit, bedeutet. In einem Projekt „Urbane Zeiten" (Schilling 1990) hat eine Studentin anlässlich des studentischen Streiks von 1988 eine Videobeobachtung durchgeführt und über den, allerdings eher temporären als nachhaltigen, Umgang mit dem öffentlichen Raum der Stadt unter dem Thema „Die Bühne im Öffentlichkeitsloch" geschrieben (Mohn 1990). Da „Theaterspielen" eine charakteristische Aktionsform des Streiks war, unternimmt die Interpretierende auch eine Textualisierung als Theaterinszenierung im öffentlichen Raum. Hier zwei Passagen aus dem Kapitel „Steigerung": „Wochenendszenario, drei kurze Szenen für spezielles Publikum. BMW-Ball in der Alten Oper (wohlhabende Öffentlichkeit), Städel (Bildungsbürgertum?), Weihnachtsmarkt (Volksmassen). Für das BMW-Publikum vor der Alten Oper gibt es eine Klang-Inszenierung; es sieht sich mit Schlagzeug (Kochtopf bis Trommel) konfrontiert. Klang- und Kleiderordnung prallen aufeinander. Soll und Haben stehen sich gegenüber. Transparent: ‚Wir sammeln Geld für die Uni', ‚Wir stehen hier, weil es an der Uni keinen Raum für solche Aktionen gibt' (…) Dem Wochenendszenario folgen zwei Werktagsszenen: 16.00 Uhr. Rush hour. Die B-Ebene unter der Hauptwache, Verkehrsknotenpunkt und Konsumzentrum, wird zur Großbühne für den *Akt der Enge*. Vor der Kulisse Kaufhof sitzen 2000 Darstellende dichtgedrängt in der Rolle von Studierenden, die ihren Lehrkräften lauschen; eine Live-Performance dessen, was sie täglich in der Uni erleben: Sie spielen überfüllte Vorlesung. Ein dokumentarischer Akt: Viele stehen in zwei, drei Reihen am Rand des imaginären Hörsaals. Hinter sich haben sie den eigentlichen Zuschauerraum. Wem die Sicht auf die überfüllte Bühne verstellt ist, der spürt es am eigenen Leib: Es ist zu eng. Hautnah: Die Enge wird zum Erlebnis, keine Chance, unberührt davonzukommen." (Mohn 1999, S. 89f). Trotz Mohns Kritik, dass es den Studierenden weniger um das Prinzip Diskurs als um mehr Geld ging, sehe ich hier durchaus den Ansatz zu einer Streikkultur, bei der es schließlich im-

Universität als lokale Öffentlichkeit? 25

mer um das Aushandeln von Interessen geht – und ohne Geld ist in unseren Gesellschaften auch das menschliche Lebensmittel „Bildung" nicht mehr zu erhalten.

*Öffentlichkeit als Fest:* Anlässlich meiner Verabschiedung aus dem aktiven Universitätsdienst 1997 haben sich Mitarbeiter und Studierende eine eintägige festliche Wiedereroberung des zum Parkplatz degradierten öffentlichen Raums vor unserem Institut ausgedacht. Dieses Fest war mit einem Projekt zu diesem Platz und den angrenzenden Quartieren als erlebten Gestaltungs-, Wahrnehmungs- und Nutzungsräumen verbunden. Für das Fest war mithilfe der Anwohner und der städtischen Behörden der Platz von ca. 100 parkenden Autos geräumt und zu einem Festplatz mit Tischen und Bänken und Buden und einer Bühne umgestaltet worden. Anwohner und Unileute trafen sich. Institute stellten ihre Arbeit dar, auf dem Podium wurde öffentlich diskutiert, eine Festschrift wurde performativ umrahmt, Musik und Pantomime und später Tanz ereigneten sich, zwischendurch wurden Wahrnehmungspaziergänge durch das Viertel durchgeführt (Rohe 1997; Projektgruppe Westend 1998).

Das sind nur ein paar Beispiele, in denen sich ein Institut querdenkend „veröffentlicht" hat, Öffentlichkeit und öffentlichen Raum inszeniert hat. Weiterhin handelt es sich um Beispiele, die, ausgehend von einem kulturökologischen Raumorientierungsmodell, Menschen mit ihren kulturell induzierten Lebensbedürfnissen an einen Raum nicht nur als Zerstörer, sondern auch als Mitgestalter von zukunftsverträglichen Ökosystemen und Ökotopen sehen, in denen menschliche Gestaltungskräfte nicht eingekerkert und von oben geschleust, sondern freigesetzt werden. Nachhaltig? Ich ende mit diesem Fragezeichen.

Vielleicht noch ein PS: Im Gegensatz zu dem postmodernen Postulat einer sich nicht festlegenden Fitnessgesellschaft (Bauman 1997), müssen wir es wieder lernen, ein Gewissen, auch ein schlechtes, gegenüber dem Anderen zu entwickeln: als Voraussetzung für Dialog, Solidarität und Verantwortung.

Und noch ein PS nach der Tagung: Ich habe in Lüneburg gelungene Beispiele neuer Raumnutzungen auf dem neuen Campus kennengelernt und wünsche den Lehrenden und Lernenden der Universität weiterhin Durchhaltevermögen, Unterstützung und lokale Öffentlichkeit!

## Literatur

Augé, M. (1994): Orte und Nicht-Orte. Vorüberlegungen zu einer Ethnologie der Einsamkeit. Frankfurt a. M.

Bauman, Z. (1997): Flaneure, Spieler und Touristen. Essays zu postmodernen Lebensformen. Hamburg

Bennett, J. (1976): The Ecological Transition. Cultural Anthropology and Human Adaption. New York

Campus Courier (1999): Zeitung für das Projekt „Agenda 21 – Universität Lüneburg". Ausgabe Nr. 02 im Wintersemester 99/00

Constable, T./Meier, I. (1994): Der neue Dialog beginnt. Der Weg des Verein Monimbó in Dietzenbach von der Nicaragua-Arbeit zum Thema „500 Jahre Eroberung". In: Greverus, I./Römhild, R. (Hrsg.): „Phantom Kolumbus". Spurensuche im Jahr 1992 in Frankfurt, Dietzenbach und Genua. Frankfurt/M., S. 21–40

Greffrath, M. (1988): Das Öffentlichkeitsloch. In: Die Zeit vom 18.3. 1988, S. 57–58

Greverus, I. (1979): Kulturökologische Aufgaben im Analyse- und Planungsbereich Gemeinde. In: Wiegelmann, G. (Hrsg.): Gemeinde im Wandel. Volkskundliche Gemeindestudien in Europa. Münster, S. 87–99

Greverus, I. (1984): Zur Frage der Effizienz ökologischer Nischen im universitären Bereich. Gefragt aus dem Institut für Kulturanthropologie und Europäische Ethnologie. In: Kulturanthropologie und Europäische Ethnologie in Frankfurt. Frankfurt a. M., S. 7–23

Greverus, I. (1997): Menschen und Räume. Vom interpretativen Umgang mit einem kulturökologischen Raumorientierungsmodell. In: Steiner, D. (Hrsg.): Mensch und Lebensraum. Fragen zu Identität und Wissen. Opladen, S. 121–145

Greverus, I. (2000): „... neue Männer und Frauen leuchtend wie Vulkane". Träume und Alpträume aus Nicaragua erzählt. In Druck 2000

Greverus, I./Kiesow, G./Reuter, R. u.a. (1982): Das hessische Dorf. Frankfurt a.M.

Greverus, I./Römhild, R. (Hrsg., 1994): „Phantom Kolumbus". Eine Spurensuche im Jahr 1992 in Frankfurt, Dietzenbach und Genua. Frankfurt a.M.

Haindl, E. (1986): Revitalisierung dörflicher Alltagswelt – Versuche und Chancen, dargestellt an Waldamorbach im Odenwald, Corippo und Brione in der Schweiz. In: Schmals, K./Voigt, R. (Hrsg.): Krise ländlicher Lebenswelten. Analysen, Erklärungsansätze und Lösungsperspektiven. Frankfurt a.M., S. 375–408

Haindl, E. (1994): Dorferneuerung ist mehr als Sanierung baufälliger Hofreiten. Ganzheitliche Entscheidungs- und Handlungskonzepte: Notwendige Voraussetzungen einer sinnvollen integrierten Dorfentwicklung. In: Greverus, I./Moser, J./Ploch, B. u.a. (Hrsg.): Kulturtexte. 20 Jahre Institut für Kulturanthropologie und Europäische Ethnologie. Frankfurt a.M., S. 173–190

Klös, P. (1994): Bildersturm in Dietzenbach. Ein Wandbild und die Folgen. In: Greverus, I./Römhild, R. (Hrsg.): „Phantom Kolumbus". Eine Spurensuche im Jahr 1992 in Frankfurt, Dietzenbach und Genua. Frankfurt a.M., S. 9–20

Kuckartz, U. (1996): Forschungsgruppe Umweltbildung. Paper 96-133: Was heißt Ökologisierung der Hochschulen

Meyer-Palmedo, I. (1985): Das dörfliche Verwandtschaftssystem. Struktur und Bedeutung: Eine Figurationsanalyse. Frankfurt a.M.; New York

Mohn, E. (1990): Die Bühne im Öffentlichkeitsloch. Der Umgang mit dem öffentlichen Raum der Stadt anhand einer Videobeobachtung des studentischen Streiks im November/Dezember 1988. In: Schilling, H. (Hrsg.): Urbane Zeiten. Lebensstilentwürfe und Kulturwandel in einer Stadtregion. Frankfurt a. M., S. 85–13

Peisert, H./Framhein, G. (1980): Das Hochschulsystem in der Bundesrepublik Deutschland. Funktionsweise und Leistungsfähigkeit. Stuttgart

Projektgruppe Westend (1998): Öffentlichkeit und Nachbarschaft im Westend – ein Collage. In: Greverus, I./Moser, J./Schilling, H./Welz, G. (Hrsg.): Frankfurt am Main: Ein kulturanthropologischer Stadtführer. Frankfurt a. M., S. 159–186

Rohe, C. (1997): Wissenschaft geht auf die Straße. Anthropolitan: „Wissenschaft und Öffentlichkeit". Mitteilungsblatt der Frankfurter Gesellschaft zur Förderung der Kulturanthropologie (GeFKA). Frankfurt a. M., Jg. 5

Schilling, H. (Hrsg., 1990): Urbane Zeiten. Lebensstilentwürfe und Kulturwandel in einer Stadtregion. (Kulturanthropologie Notizen 34). Frankfurt a. M.

Stoltenberg, U./Michelsen, G. (1999): Lernen nach der Agenda 21. Überlegungen zu einem Bildungskonzept für eine nachhaltige Entwicklung. In: Stoltenberg, U./Michelsen, G./Schreiner, Johann (Hrsg.): Umweltbildung, den Möglichkeitssinn wecken. NNA-Berichte 12. Jg. 1999, H. 1, S. 45–54

Ingrid Breckner

# Raum-Bildung auf dem Campus – Vom naiven Konsum zur selbstbestimmten Gestaltung von Lernräumen

*„Die Universität hat die Aufgabe, die Wahrheit in der Gemeinschaft von Forschern und Studenten zu suchen."*
(Jaspers, nach Lemmen 1999, S. 12).

*„Die Deutsche Hochschule ist Teilverband eines Stadtorganismus. Die verflochtene Funktionsstruktur der Hochschule widerspricht jeder architektonischen Großform."*
(Kossack 1964, nach Lemmen 1999, S. 10).

## Raum-Bildung: Notwendigkeiten und Perspektiven

Studierende und Lehrende benutzen Universitäten – von wenigen Ausnahmen abgesehen – als selbstverständliche Orte der Arbeit und Ausbildung. Nachdenken über, Wahrnehmung von und Empfindung für Raumqualitäten bleiben an diesen Orten oft im Schatten des bewussten Handelns. Sie beschränken sich häufig auf Räume mit eher privatem Charakter (Arbeitszimmer, Treffpunkte), für die einzelne Personen oder Gruppen Verfügungsrechte besitzen. Wohlbefinden, Klima oder die Atmosphäre im Raum erreichen vor diesem Hintergrund in den meist funktional strukturierten universitären Lern- und Forschungsprozessen selten den Rang eines Themas. Dennoch existieren sie – ‚hinter dem Rücken' von Forschenden, Lehrenden und Lernenden an ganz konkreten Orten (vgl. u. a. Becker et al. o. J., S. 9ff.): Sie setzen Rahmenbedingungen für das Erleben bei Anwesenheit und die Art und Weise des Verhaltens und Handelns der Subjekte in diesen Räumen. Sie entscheiden darüber, ob ein Campus ein beliebter und somit belebter Ort ist. Sie beflügeln Engagement oder passive Trägheit bei allen Tätigkeiten. Sie bestimmen mit, ob ein universitärer Campus als unverzichtbarer und innovativer gesellschaftlicher Ort im städtischen Kontext oder eher als abgeschottete Enklave und ökonomisch belastende Privilegienmaschine wahrgenommen wird. Sie beeinflussen das öffentliche „Image" von Bildung. Nicht zuletzt drückt sich der „heimliche Lehrplan" des Raumes aus in Befindlichkeiten, Klimata und Atmosphären und prägt somit die Erreichbarkeit universitärer Lehr- und Forschungsziele sowie die gesellschaftliche Würdigung wirtschaftlicher, sozialer, kultureller und politischer „Investitionen" in universitäre Bildung und Forschung. Vor diesem Hintergrund empfiehlt sich ein tieferer, zunächst verstehender und später auch gestaltungswilliger analytischer Blick auf Raum, Bildung und deren Zusammenhang in universitären Kontexten.

Unter Rückgriff auf zugängliche Denkwelten in Philosophie, Kulturwissenschaften, Kunst, Geographie, Architektur und Planung, Psychologie und Soziologie versucht der folgende Beitrag im Abschnitt „Zugänge zum Raum: Denkwelten und Handlungsfelder" zunächst gedankliche Zugänge zum Gegenstand Raum zu eröffnen. Konsequenzen für Bildungsprozesse ergeben sich daraus in doppeltem Sinn: Wir fragen nach Bildungsmöglichkeiten in Bezug auf das Verstehen von Räumen sowie nach Spielräumen der Bildung von Räumen im Sinne ihrer Gestaltung durch alltägliche und professionelle Praktiken. Im Abschnitt „Raum-Bildung auf dem Campus" des Beitrages stehen methodologische Überlegungen im Vorfeld von Forschung zu bzw. Gestaltung von Bildungsräumen zur Diskussion. Sie finden im Abschnitt „Raum-Bildung durch Raumerkundung" Anwendung in methodischen Anregungen zur Raumerkundung auf dem Campus. Im abschließenden Abschnitt erfolgt schließlich die Erkundung methodischer Spielräume für gebildete und bildende Raumgestaltung in universitären Lebensräumen.

*Ziel* dieses Beitrages ist es, zu einem kreativen und offenen gedanklichen wie emotionalen Umgang mit Räumen zu ermuntern. Der Campus ist dabei nur ein denkbares Anwendungsbeispiel. Genau so gut können die hiermit angestrebte Erhöhung der Raumempfindlichkeit sowie analytische Schärfe und emotionale Sicherheit für das Verstehen und Gestalten anderer privater und öffentlicher Lebensräume genutzt werden (Breckner/Sturm 1997). Vielleicht gelingt es durch neue Raumerfahrungen sowie ein klareres Bewusstsein über die doppelte und immer noch so heimliche Bildungskraft der Räume, auch in Universitäten wieder diesbezügliche Experimentierfelder zu erschließen. Sie sind unverzichtbar, wenn dieser Hort des Wissens in der Wissensgesellschaft seine vielschichtigen, kurz- und längerfristigen Zukunftsaufgaben erfolgreich sowie im verträglichen Einklang mit Um- und Mitwelt erfüllen soll.

## Zugänge zum Raum: Denkwelten und Handlungsfelder

Die einführenden Argumente zur Notwendigkeit der Beschäftigung mit dem Raum innerhalb der Thematik Raum-Bildung deuteten bereits ein erstes Koordinatensystem an, innerhalb dessen wir uns auf die Suche begeben können: Sobald wir uns mit Raum beschäftigen, berühren wir ein Beziehungsgeflecht zwischen Körperräumen (Innenwelt) und Außenräumen (Außenwelt) (vgl. z. B. Ciompi 1988; Schmitz 1998), innerhalb derer wiederum materielle und immaterielle Dimensionen gestaltend zusammenwirken. So einfach diese erste grobe Bestimmung des Raumes erscheint, so schwierig ist ein tiefgreifendes und komplexes Verständnis hiermit verknüpfter Bedeutungen. Dieser Aufgabe wollen wir uns in diesem Kapitel zumindest soweit stellen, als es für Wahrnehmung, Analyse und Gestaltung universitärer Bildungsräume unerlässlich ist. Wir begeben uns dabei auf ausgewählte geschichtliche Pfade der wissenschaftlichen Raumerkundung, die uns Zugänge zu zentralen Entwicklungslinien dieser Denkwelt ermöglichen. Abschließend suchen wir nach Bezugspunkten dieses geschichtlichen Erbes zur Raum-Bildung auf dem Campus und strukturieren damit die wissenschaftlichen und praktischen Handlungsschritte, die in den folgenden Kapiteln zur Diskussion stehen.

Seit der antiken Philosophie finden wir in unterschiedlichen wissenschaftlichen Disziplinen immer wieder Spuren einer theoretischen oder empirischen, wissenschaftlichen und/oder praxisorientierten Beschäftigung mit dem Gegenstand Raum. Umfassende Rekonstruktionen dieser Denktraditionen finden wir u. a. bei Max Jammer (1960) und Alexander Gosztonyi (1976). Gabriele Sturm (2000) und Martina Löw (1999) nutzen geschichtliche Aspekte der wissenschaftlichen Auseinandersetzung mit Raum als Ausgangspunkte ihrer Habilitationsschriften; sie bieten uns mit ihrer prägnanten Bündelung des raumtheoretischen Erbes einen etwas leichteren Zugang zu den für unser Thema wichtigen Aspekten des schwierigen Problems. Deutlich wird in allen geschichtlichen Betrachtungen raumtheoretischer Diskurse der disziplinäre Weg von der Philosophie über Physik, Mathematik und den Naturwissenschaften hin zu den später sich ausdifferenzierenden Gesellschaftswissenschaften (Geographie, Ethnologie, Ökonomie, Soziologie, Politologie, Psychologie, Architektur und (Raum-)Planung), der in der Kunst jeder geschichtlichen Zeit einen je besonderen und Wissenschaft stets neu inspirierenden Ausdruck fand. Hiermit soll keineswegs einer linearen Entwicklung dieses gedanklichen Erbes das Wort geredet werden: Die Philosophie als älteste Wissenschaftsdisziplin kann auf die längste Tradition des Denkens über Raum zurückblicken. Dabei muss sie zur Kenntnis nehmen, dass ihre vielschichtigen Befunde zusammen mit der wachsenden Neugierde auf eine zeitlich und sachlich angemessene Erklärung der Welt spätestens seit der Neuzeit in Natur- und später auch Gesellschaftswissenschaften eigenständige Denktraditionen zum Gegenstand Raum begründet haben.

Seit dem 17. Jahrhundert sind wir mit einer Verschränkung dieser unterschiedlichen „Denkstile" (Fleck) konfrontiert, die sich aufeinander beziehen und voneinander abgrenzen. Vorliegende Ergebnisse zeigen dabei immer deutlicher, dass wir die alte Erwartung einer absoluten Gestalt und Erklärung dessen was Raum ist aufgeben müssen. Raum stellt sich in den entwickeltsten zeitgenössischen wissenschaftlichen Befunden als ein komplexes, durch vielschichtige Wechselbeziehungen zwischen Materie, Ideen, unterschiedlich lebendigen Ding-

# Raum-Bildung auf dem Campus

und Körperwelten, Symbolen und Ästhetik geprägtes Gebilde dar, welches einem ständigen zeitlichen Wandel unterliegt. Diese komplexe Bestimmung des Raumes negiert tradierte Vorstellungen
* eines starren, endlichen oder unendlichen, zwei- oder dreidimensionalen, messbaren Behälters, in dem der Mensch – getreu seiner euklidisch-geometrischen Erziehung – sich selbst sowie andere Menschen und Dinge anordnet, um sich in der Welt zu orientieren sowie
* eines wirkungslosen formalen Prinzips, nach dem Menschen ihre Wahrnehmungen als Anschauung ordnen.

Beide negierten Raumkonzepte bleiben der seit der Antike wirkmächtigen *absoluten, positionalen Raumvorstellung* verhaftet. Bis heute prägen sie neben philosophischen vor allem geographische, politische, soziologische, architektonische und planerische Denkwelten zum Raum. Während die Philosophie in positionalen Denktraditionen den Raum als Gegenstand wissenschaftlicher Erkenntnis nach wie vor als irrelevant erachtet, bemühen sich die anderen positionalen Denkschulen um eine Verfeinerung des „Behälterkonzepts": Anstatt der zweidimensionalen Fläche denken positional orientierte Geographen den Raum nun in dreidimensionalen Gebilden. Positional strukturierte Politik, Ökonomie, Soziologie, Architektur und Planung haben in Wissenschaft und Praxis nach der Logik der Arbeitsteilung fachspezifische Betrachtungen von Raumbehältern entwickelt. Wir finden in diesen Kontexten den abgegrenzten geopolitischen Raum, den administrativen Zuständigkeitsraum, den lokalen bis globalen Wirtschaftsraum, den sozialen Raum, den Kulturraum, den umbauten Raum in der Architektur und den Planungsraum in Bauleit- oder Flächennutzungsplänen. Diese modernen Varianten absoluter Raumvorstellungen weisen mehrere Gemeinsamkeiten auf: Raum erscheint als eindeutig bestimmbar und räumliche Entwicklung als politisch, administrativ und fachlich steuerbar. Dynamiken im Raum werden – neuerdings verstärkt mittels geographischer Informationssysteme – zu einem oder mehreren Zeitpunkten gemessen und visualisiert; ihr zeitlicher – biographischer wie gesellschaftsgeschichtlicher – Charakter wird dadurch reduziert auf eine Addition von Momentaufnahmen, deren Zwischenzeiträume unerfasst und damit auch unreflektiert bleiben. Nicht zuletzt ist Raum in den positionalen Denkwelten stets begrenzt und verliert dadurch seinen jenseits gezogener Grenzen liegenden räumlichen Kontext. In der sozialräumlichen Alltagspraxis kämpfen wir mit vielfältigen Produkten dieses positionalen, absoluten Raumdenkens. Beispiele hierfür reichen von Großwohnsiedlungen, die sich anstatt ihrer Entfaltung als Freiheitsräume tendentiell zu unbeliebten und kostspieligen Ghettos entwickeln, über Umnutzungsschwierigkeiten ehemals gesellschaftlich abgeschotteter militärischer oder altindustrieller Konversionsflächen, bis hin zu im städtischen Kontext isoliert bleibenden Arealen für Erziehung und Bildung, Freizeit und Sport, Verkehr und Gewerbe, weil sie monofunktionalen Nutzungen und entsprechend eindeutigen, in der Regel ressortspezifischen Steuerungszuständigkeiten vorbehalten wurden.

Die favorisierte – seit Einsteins Relativitätstheorie sich verfeinernde – *relationale Raumvorstellung* (vgl. Sturm 2000, S. 173 ff.) stellt das zeitlich variable Wirkgefüge von Dingen, Körpern, Kräften und Beziehungen in den Vordergrund, die gleichzeitig in historisch je besonderen Ausformungen das hervorbringen, was wir Raum nennen. Er entsteht aus dem Zusammenwirken aller seiner Dimensionen und wirkt gleichzeitig auf deren Konstitution zurück. So gesehen ist Raum ein Produkt eines Wirkungsfeldes, dessen Wirkkräfte in ihrer jeweiligen Ausformung und in ihrem Verhältnis zueinander auch durch den Raum beeinflusst werden. Es handelt sich folglich um ein Geflecht von Wechselwirkungen zwischen Raum konstituierenden
- materiell-physischen, d.h. dem Denken und Handeln entgegenstehenden,
- sozialen, d.h. aus Beziehungen und Handlungen hervorgehenden,
- regulativen, d.h. aus institutionellen Regeln und Normen gespeisten sowie
- ästhetischen, d.h. aus Zeichen, Symbolen und Repräsentationen gewebten Wirkungsfeldern (vgl. Läpple 1991; 1993; Sturm 2000).
  Sie prägen Räume in unterschiedlicher Weise auf mikro-, meso-

und makroräumlicher Maßstabsebene. Daraus ergeben sich auf diesen drei Raumebenen besondere Vermittlungsformen zwischen den räumlichen Wirkungsfeldern. Auch sie können – dem komplexen gesellschaftstheoretischen Raumverständnis zufolge nicht verabsolutiert, sondern erst in Beziehung zu ihren Entsprechungen auf den jeweils anderen Raumebenen zur Erklärung des Raumes herangezogen werden.

Welche Konsequenzen hat nun unsere raumtheoretische Entscheidung im Themenfeld der „Raum-Bildung auf dem Campus"? Zunächst verdeutlichen alle theoretischen Zugänge zum Raum seit der Antike, dass der selbstverständliche, unbedachte und begriffslose Umgang mit Raum uns keinen Weg zum Gegenstand Raum öffnet. Wir beschäftigen uns unter dieser Voraussetzung nicht systematisch mit der Frage des Raumes, weil wir keinen Anlass sehen, ihm im Themenfeld Bedeutung zuzuweisen. Dies geschieht – leider – bei vielen Planungs- und Gestaltungsprozessen von Räumen durch Wohnende, Ingenieure, Architekten, Planer, Handwerker, Finanziers. Sie nehmen bei ihren Aktivitäten nicht den Raum in das Blickfeld ihrer Aufmerksamkeit, sondern das zu verändernde Ding, seien es Möblierung, das Gebäude, Grünelemente, Infrastruktur etc. Der räumliche Kontext des Gestaltungsobjekts bleibt außerhalb ihrer Wahrnehmung, Erfahrung, Analyse und Gestaltung. So ist es unmöglich, Beziehungen des veränderten Dings zu seiner Um- und Mitwelt zu entdecken und diese gegebenenfalls in der Planung und Umsetzung räumlicher Veränderungen zu berücksichtigen. Von dieser Raumindifferenz in der Raumgestaltung profitiert z.B. die Möbelindustrie immer dann, wenn Menschen sich neue Einrichtungsgegenstände kaufen, ohne deren Auswirkungen auf den vorhandenen, nicht nur dinglichen räumlichen Kontext zu berücksichtigen. D.h. es geht nicht nur darum, ob ein neues Möbelstück ästhetisch oder in den Ausmaßen zu vorhandenen Möbeln oder den Wohnräumen passt, sondern auch darum, ob z.B. ein Kleinkind in der Wohnung lebt, für welches das gewählte Material oder die Art der Ausführung ungeeignet sind. Profitiert die Möbelindustrie nicht vom Ersatz des Fehlkaufes, leidet das Kind am falschen Material durch gesundheitliche Schäden oder häufige Züchtigung. Besonders eindrücklich schilderten entsprechende Konflikte Mädchen und junge Frauen in Interviews über ihre Wohnwelten (vgl. Breckner 1996). Sie entzündeten sich in Haushalten, in denen Eltern den für durchschnittliche Wohnungen in der Regel viel zu großen Kleiderschrank in Kinderzimmer abzuschieben versuchen. Mit beginnender Adoleszenz erweitern sich Raumansprüche junger Menschen und es kommt u.a. wegen des monströsen Kleiderschrankes der Eltern in den Kinderzimmern zu anhaltenden Familienkriegen.

Werden wir auf Räume neugierig, weil wir uns in ihnen besonders wohl oder unwohl fühlen oder weil wir einen entsprechenden Beruf gewählt haben, könnte daraus ein Impuls für deren Untersuchung entstehen. Doch auch in solchen Fällen erweist sich eine fehlende (theoretische) Vorstellung von Raum als handicap: Ohne ein – wenn auch noch so vages – konzeptionelles Gerüst dessen, was wir dabei untersuchen könnten, bleibt uns nur der Zugang zu Räumen über ihre (subjektive) Wahrnehmung. Sie ist abhängig von der Empfindsamkeit unserer Sinne und bleibt in der Regel wählerisch. Zum einen haben wir uns daran gewöhnt, das Auge als zentrales Sinnesorgan einzusetzen. Riechen, Hören, Tasten und Schmecken im Raum verbleiben dabei oftmals im Bereich der unbewussten Wahrnehmung. Sie prägen so zwar unser Gefühl im wahrgenommenen Raum, ohne aber die Hintergründe solcher Gefühle der Reflexion zugänglich zu machen. Zum anderen hat auch die sehende Wahrnehmung ihre Tücken: Wir sehen das, was wir gerne sehen wollen, was uns gefällt oder was wir immer schon mal kritisieren wollten und was dennoch keine unangenehmen Eindrücke hinterlässt. Die unbewussten Auswahlmechanismen der sehenden Wahrnehmung sind eng vernetzt mit unseren körperräumlichen und umräumlichen Erfahrungen. So kann es sein, dass Beobachtende in einem Raum sich eher auf darin handelnde Menschen konzentrieren, andere auf darin befindliche Dinge und wiederum andere nur auf Teilaspekte von Menschen und Dingen. Diese unterschiedlichen Beobachtungen in ein und demselben Raum sind nur schwer kommunizierbar, weil jeder etwas anderes gesehen hat und deshalb kaum verallgemeinerbar. Letzteres wäre aber die Voraussetzung für eine intersubjektive Verständigung und Erkenntnis des untersuchten Raumes auf dem Weg seiner von Neugierde angeleiteten wahrnehmenden Erkundung.

Einen Ausweg aus den Dilemmata einer naiven subjektiven Raumwahrnehmung bietet deren Qualifizierung: Wir könnten lernen, uns darauf zu konzentrieren, alle subjektiven Praktiken und wahrnehmbaren Dingwelten im Raum ins analytische Blickfeld der Raum-Bildung zu nehmen. Dabei fehlten uns wiederum Kriterien für eine Beurteilung und Interpretation beobachteter Praktiken und Materialitäten jenseits des individuellen Horizonts. Wir müssten uns in einer solchen Situation auf den Standpunkt der phänomenologischen Philosophie und Soziologie des Raumes stellen (vgl. zusammenfassend Löw 1999, S. 54 ff; Schmitz 1998) und versuchen, aus unseren Beobachtungen Raumbedeutungen sowie deren wechselseitige Beziehungen zu erschließen. Ob diese Befunde empirischer Beobachtung jedoch alles abdekken, was für ein verallgemeinerungsfähiges Verständnis von Raum im doppelten Kontext von Bildung (als Erziehung, Aus- bzw. Fortbildung und materieller wie ideeller Gestaltung) bedeutsam sein könnte, lässt sich in solchen Verfahren nicht klären. Zusammen mit unserer theoretischen Entscheidung für ein komplexes gesellschaftliches Raumkonzept könnten phänomenologische Beobachtungen jedoch zur Exploration empirischer Ausformungen raumkonstituierender Wirkungsfelder genutzt werden (vgl. z.B. Bretthauer 1999). Denn die „Welt ist uns, den wachen, den immerzu irgendwie praktisch interessierten Subjekten, nicht gelegentlich einmal, sondern immer und notwendig als Universalfeld aller wirklichen und möglichen Praxis, als Horizont vorgegeben. Leben ist ständig In-Weltgewissheit-leben. Wachleben ist, für die Welt wach sein, beständig und aktuell der Welt und seiner selbst als *in* der Welt lebend ‚bewusst' sein, die Seinsgewissheit der Welt wirklich erleben, wirklich vollziehen" (Husserl 1993, S. 193; Hervorhebung im Original). Dabei könnten wir auf eine Operationalisierung des raumtheoretischen Konzeptes zunächst verzichten, um unsere Wahrnehmung und reflexive Aufmerksamkeit nicht von vornherein auf Möglichkeitsbehälter einzuschränken. Eine wache und offene phänomenologische Raumerkundung würde unsere Sinne aufschließen und unseren Verstand als sechsten Sinn sensibilisieren. Die Auswertung und Interpretation dieser Beobachtungen könnte durch unser gesellschaftstheoretisches Raumkonzept unterstützt werden und Lücken in unserer Wahrnehmung offenlegen, die in einem weiteren Erkundungsschritt zu schließen wären. Auf diese Weise könnten wir Strukturen innerhalb einzelner raumbildender Wirkungsfelder in der Wirklichkeit entdecken und sie zur notwendigen Operationalisierung weiterer Forschungsschritte nutzen. Ein solches Vorgehen bietet die Chance, auch unerwartete Kräfte in den jeweiligen Wirkungsfeldern aufzuspüren, die möglicherweise für die Erklärung des räumlichen Wirkungsgeflechtes bedeutsam sind.

## Raum-Bildung auf dem Campus: Methodologische Vorentscheidungen

Zentrales Thema dieses Abschnitts ist die Umsetzung vorheriger raumtheoretischer Überlegungen in methodologische und methodische Praktiken der Raumerkundung und Raumgestaltung. Warum unterscheiden wir hier gleich zu Beginn zwischen Methodologie und Methodik? Die Methodologie beinhaltet das theoretische Konzept einschließlich der Begründungen unseres methodischen Vorgehens in wissenschaftlicher Forschung und gesellschaftlicher Praxis. Die Methodik umfasst hingegen das Spektrum möglicher Vorgehensweisen, das ‚Wie' der Forschung und Gestaltung von universitären Räumen, die dazu nutzbaren Verfahren und Instrumente (vgl. Breckner/Sturm 1998).

Warum schon wieder Theorie? Die Methodologie als Theorie der methodischen Praxis dient uns als Brücke zwischen den theoretischen Überlegungen zum Gegenstand Raum und möglichen Praktiken seiner wissenschaftlichen Erkundung und Gestaltung. Wir kennen diese Brücke bereits aus unserem lebensweltlichen Alltag (vgl. Kleining

1995): Auf der einen Seite stehen alltagstheoretische Vorstellungen über Gegenstände des Denkens und Handelns – z. B. Familienformen, Geschlechterverhältnisse, Wohnen, Migration, Arbeit, Bildung, Verkehr usw. Auf der anderen Seite bewegen wir uns in unserem alltäglichen Denken und Handeln innerhalb der genannten Gegenstandswelten: Wir leben beispielsweise in Familien bzw. grenzen uns davon ab, entwickeln ein mehr oder minder ausgeprägtes Selbstverständnis innerhalb gesellschaftlicher Geschlechterverhältnisse und konfrontieren es mit anderen Ausformungen desselben, wohnen und arbeiten in je besonderer Art und Weise. Warum wir in bestimmten Situationen die eine oder andere Methode des alltäglichen Denkens und Handelns praktizieren, wird nicht immer reflektiert. Wir haben Denk- und Handlungsroutinen auf der Grundlage vorhergehender Erfahrungen ausgebildet, die wir zulassen, solange wir selbst und unser soziales Umfeld mit ihren Ergebnissen zufrieden sind. Persönliche, zwischenmenschliche oder gesellschaftliche Krisensituationen erfordern eine Reflexion solcher Routinen, d. h. eine Vergegenwärtigung und Versprachlichung der angewendeten Alltagsmethodologie, mit dem Ziel, eingetretene Konflikte zu verstehen und die sie erzeugenden Alltagsmethoden zu verändern. Wissenschaftlicher Umgang mit dem Gegenstand Raum lässt uns weniger Spielräume zur Ausbildung einer Methodologie auf methodischen Wegen von Versuch und Irrtum – es sei denn, wir verfügen als Privatgelehrte über eine lebenslänglich abgesicherte Finanzierung derart kostspieliger Experimente. Aber selbst dann laufen wir Gefahr, uns im Dickicht vielfältiger methodischer Möglichkeiten der Raumerkundung zu verirren und damit allenfalls Erfahrungen und Erkenntnisse zu erbringen, die für uns selbst, nicht jedoch für gesellschaftlich verantwortbare Prozesse der Raumgestaltung nutzbar gemacht werden können. In der wissenschaftlichen Raumerkundung und gesellschaftlichen Praxis der Raumgestaltung ist methodologische Reflexion im Vorfeld methodischen Handelns dringend angeraten. Sie stellt sicher, dass wir das Forschungs- bzw. Handlungsfeld zwischen gegenstandbezogenen Theorien, dem zu erkundenden empirischen Material und bereits erforschten Zusammenhangsstrukturen nicht aus dem Blickfeld verlieren und angemessen strukturieren (vgl. Sturm 2000). Zudem fließen bereits vorhandene Erkenntnisse in die Suche nach weißen Flecken in der Wissens- bzw. Praxislandschaft bezüglich universitärer Räume ein und unterstützen so die Generierung neuen Wissens bzw. von Gestaltungsalternativen in diesem Themenfeld.

Was bedeutet methodologische Reflexion im Vorfeld der Entscheidung für eine oder mehrere Methoden des wissenschaftlichen bzw. praktischen Handelns in räumlichen Kontexten? Für unseren Zweck genügt es zunächst, uns mit den sechs unverzichtbaren methodologischen Entscheidungsschritten vertraut zu machen (vgl. Breckner/Sturm 1998):

- Im Vorfeld aller Überlegungen zur Wahrnehmung, Analyse und Gestaltung universitärer Bildungsräume empfiehlt sich als *erster Schritt* eine Auswertung vorliegender theoretischer und empirischer Befunde zum Themenfeld. Das Spektrum möglicher Quellen umfasst wissenschaftliche Literatur, schriftliche, bildliche oder planerische Dokumente aus Medienarchiven sowie politisch-administrativen Entscheidungsprozessen, „graue" Literatur (z. B. Forschungs- oder studentische Projektberichte) bis hin zu literarischen, fotografischen, filmischen oder musikalischen Thematisierungen universitärer Lebenswelten in Vergangenheit und Gegenwart. Wichtig dabei ist, sich mit unterschiedlichen Möglichkeiten des Zugangs zur ‚Raum-Bildung' in universitären Kontexten vertraut zu machen sowie die Breite des Themenfeldes zu erfahren und zu begreifen.

- Der *zweite Schritt* methodologischer Annäherung an den Gegenstand besteht in der Entscheidung über das eigene Problem- bzw. Gestaltungsfeld. Hierbei gilt es festzulegen, was das eigene Erkenntnis- bzw. Gestaltungsinteresse im Themenfeld universitärer Raum-Bildung ist. Sollen eigene universitäre Lebenswelten neu wahrgenommen, analysiert und verändert werden? Wird ein Vergleich unterschiedlicher universitärer Räume mit dem Ziel der Bestimmung ihrer Folgewirkungen für Forschung und Lehre angestrebt? Richtet sich die Neugierde auf die Einbettung der Universität in ihren stadträum-

# Raum-Bildung auf dem Campus — 41

lichen, regionalen, nationalen oder internationalen Kontext? – Solche und eine Vielzahl weiterer Fragen können das Interesse an einer Auseinandersetzung mit universitären Räumen leiten und die Entscheidung für wesentliche handlungsleitende Fragen unterstützen.

- Ausgehend von dem jeweiligen Problem- bzw. Gestaltungsfeld erfolgt im *dritten Schritt* der methodologischen Annäherung an den Gegenstand die Feststellung der Ordnungsstruktur der gewählten analytischen Problemstellung bzw. des praktischen Handlungsfeldes. Was ist damit gemeint? Die Ordnungsstruktur bezieht sich auf alle Elemente, die den Untersuchungssgegenstand bzw. den Gegenstand des praktischen Gestaltens bestimmen. Es handelt sich dabei um mehr oder minder bekannte materielle und ideelle Elemente, um ihre Geschichte und Entwicklungspotentiale, um gestaltende Akteure und Nutzergruppen sowie um Regulationen des Gestaltens z. B. durch Normen und Werte, ökonomische oder politisch-administrative Machtstrukturen. Ist z. B. der Untersuchungsgegenstand die Freiflächenqualität eines oder mehrer Universitätsgelände, gilt es hinsichtlich der Ordnungsstruktur zu klären, wodurch die Qualität der Freiflächen bestimmt wird. Das Spektrum der Möglichkeiten reicht hier von naturräumlichen Elementen, Wegebeziehungen, Rückzugsräumen, Sitzgelegenheiten etc. bis hin zu verwendeten Materialien, klimatischen Rahmenbedingungen, Präferenzen unterschiedlicher Nutzergruppen sowie Entscheidungsspielräumen und Kooperationskompetenzen der Freiräume gestaltenden Akteure. Je eindimensionaler die Ordnungsstruktur eines Gegenstandes methodologisch betrachtet wird, je einfacher ist seine methodische Bearbeitung. Der Verzicht auf einen komplexen Zugang zur „Ordnung der Dinge" und Prozesse, die den Gegenstand hervorbringt und seine Veränderbarkeit beeinflusst, birgt jedoch die Gefahr, das Verstehen bzw. Gestalten der Untersuchungsräume auf Teilaspekte der Wirklichkeit zu beschränken. Entsprechend schmal ist dann die Bandbreite möglicher Analyse- und Gestaltungsspielräume. D.h., sobald die Ordnungsstruktur z. B. von universitären Freiraumqualitäten ausschließlich anhand von

Sitzgelegenheiten entlang der Hauptwege bestimmt wird, lassen sich diese zählen und gegebenenfalls vermehren. Die Qualität des Freiraumes verändert sich damit aber nur in Bezug auf Sitzgelegenheiten an Hauptwegen; solange nicht nach deren Qualität gefragt wird, tritt durch eine Vermehrung der Sitze an Hauptwegen möglicherweise sogar eine Verschlechterung der Freiraumqualität ein, weil z. B. niemand auf kalten Betonbänken Platz nehmen möchte. Erst eine komplexe Bestimmung der bekannten und noch zu ermittelnden Qualitäten und Quantitäten der Ordnungsstruktur eines Gegenstandes bietet die Gewähr für eine angemessene Analyse und praktische Gestaltung des gewählten Handlungsfeldes.

- Als *vierter Schritt* des methodologischen Zugangs zum Gegenstand können aus der übergeordneten Problemstellung bzw. dem Gestaltungsfeld und im Wissen um die komplexe Ordnungsstruktur des Gegenstandes die eigene(n) Forschungsfrage(n) bzw. das Handlungsziel festgelegt werden. Voraussetzung dafür ist die Entscheidung darüber, *was* durch die analytische und/oder gestalterische Auseinandersetzung mit universitären Räumen *warum* erklärt und/oder verändert werden soll. Am Beispiel der universitären Freiraumqualitäten beinhaltet dieser Schritt die Entscheidung für ein präzises Spektrum von Erkenntnis- bzw. Gestaltungsabsichten. D. h., soll erklärt werden, welche Elemente der Ordnungsstruktur des Gegenstandes in welcher Weise miteinander zusammenhängen? Sollen qualitative Effekte bestimmter Gestaltungsoptionen für unterschiedliche Nutzergruppen ermittelt werden? Stehen Gestaltungsexperimente im Vordergrund, um Gestaltungsoptionen unter jeweils bestimmten Rahmenbedingungen zu präzisieren? usw.

- Je nach gewählten Fragestellungen bzw. Gestaltungszielen kann im *fünften Schritt* festgelegt werden, mit welchen Mitteln die Erklärungs- bzw. Gestaltungsabsicht eingelöst werden soll. Auch hierbei empfiehlt sich wieder ein Rückgriff auf die festgestellte Ordnungsstruktur des Gegenstandes, auf deren Grundlage sich die Reichweite bestimmter Erklärungs- oder Gestaltungsstrategien präzisieren lässt. Am Beispiel der Freiraumqualitäten wäre es die Frage nach dem „Wie" ihrer Erklärung bzw. gestalterischen Veränderung. D.h. wir müssen in dieser konzeptionellen Phase der Raum-Bildung überlegen, welche Mittel für unsere erklärenden und/oder verändernden Handlungsabsichten am besten geeignet sind. Wir können uns z.B. fragen, worin sich Qualitäten von Freiräumen materialisieren, wie sich Freiraumqualitäten atmosphärisch ausdrücken und an welchen Befindlichkeiten dies deutlich wird oder überlegen, welche quantitativen Informationen (z.B. Anzahl bestimmter Pflanzen, Stunden der Besonnung zu unterschiedlichen Jahreszeiten etc.) Anhaltspunkte für eine Qualifizierung der Freiräume aus unterschiedlichen Nutzungsperspektiven bieten.

- Der letzte und sechste Schritt methodologischer Vorentscheidungen bezieht sich auf die Klärung der Frage, ob zur Erreichung der jeweiligen Erkenntnis- bzw. Gestaltungsziele neues Wissen und/oder die Umsetzung vorhandenen Wissens erforderlich ist. Je nach Sachlage muss das nachfolgende methodische Handeln als Forschung (= Generierung neuen Wissens) und/oder innovative gesellschaftliche Praxis (= sachgemäße Umsetzung vorhandenen Wissens) konzipiert werden. In Bezug auf das Beispiel universitärer Freiraumqualitäten kann es sich dabei um Erforschung derselben oder um deren praktische Gestaltung auf der Grundlage vorliegender Kenntnisse und Erfahrungen handeln.

## Raum-Bildung durch Raumerkundung: Forschungsmethoden

Forschungsmethoden unterscheiden sich nach den drei zentralen Arbeitsschritten im Forschungsprozess: *Datenerhebung*, *Datenanalyse* und *Dateninterpretation*.

In der *Datenerhebung* ist zu unterscheiden zwischen Instrumenten, die in der Erhebung Anwendung finden, und Strategien, in denen die

Konzeption der Erhebung angelegt ist. Als *Instrumente der Datenerhebung* stehen uns in der Erforschung universitärer Räume deren Beobachtung, die Befragung von Menschen, die diese Räume nutzen und gestalten, sowie die Inhaltsanalyse von Gestaltungsprinzipien und -elementen oder von Verhaltensweisen und Handlungsmustern in den Räumen zur Verfügung. Verwendet werden können auch instrumentelle Mischformen, wie z. B. Zukunftswerkstätten oder szenische Rekonstruktionen, in deren Vorbereitung, Durchführung und Auswertung alle genannten Erhebungsinstrumente zusammengeführt werden können.

Die *Strategien der Datenerhebung* umfassen das Untersuchungsdesign, die Fokussierung des Forschungsprozesses und dessen Kontrolle. In der Konzeption des Untersuchungsdesigns legen wir die Zeit-, Raum- und Sozialstruktur fest, auf die sich die Untersuchung beziehen soll. Hinsichtlich der Zeitstruktur entscheiden wir uns für eine Querschnitt- und/oder Längsschnittuntersuchung. Damit bestimmen wir, ob wir unseren Gegenstand universitärer Lebensräume zu einem einzigen oder zu mehreren Zeitpunkten vergleichend erforschen. Die Entscheidung über die Raumstruktur der Forschung beinhaltet die Festlegung auf einen oder mehrere Untersuchungsorte, sei es innerhalb eines oder mehrerer ausgewählter Universitätsgelände. Das sozialstrukturelle Untersuchungsdesign ergibt sich aus der Entscheidung über die Art und Größe unserer Stichprobe(n), die – jeweils zu begründende – Anteile aller Menschen umfasst, von denen wir in der Untersuchung etwas über universitäre Räume erfahren wollen. Die Fokussierung des Forschungsprozesses erfolgt durch Fremd- oder Selbstbeurteilung des Untersuchungsdesigns und des Untersuchungsablaufs, die Entscheidung über eine retrospektive, aktuell-situative oder prospektive Betrachtung des Untersuchungsgegenstandes sowie durch Intervention der Untersuchungsleitung. Als Kontrollstrategien stehen uns die räumliche Kontrolle (vergleichbarer Untersuchungsraum), die experimentelle Kontrolle (vergleichbare Experimente) und die soziale Kontrolle (durch beteiligte oder betroffene Personengruppen) zur Verfügung.

Bleiben wir bei dem fiktiven *Anwendungsbeispiel* der Freiräume auf Universitätsgeländen und der Frage nach ihren qualitativen Verbesserungsmöglichkeiten, wären – je nach vorhergehenden methodologischen Vorentscheidungen – folgende Möglichkeiten der Datenerhebung für einen diesbezüglichen Forschungsprozess denkbar: Ausgehend davon, dass die Freiraumqualitäten verbesserungsfähig sind, ohne ihre Einzelheiten zu kennen, müssen wir in einem ersten Schritt notwendige strategische Entscheidungen treffen: Soll es eine aktuelle Bestandsaufnahme in Vorlesungszeiten oder eine Längsschnittstudie zur Veränderung der Qualitäten nach Jahreszeiten, Vorlesungs- und Ferienzeiten werden? Wollen wir uns allein mit den Freiräumen einer Universität beschäftigen und/oder diese auch mit Freiräumen vergleichbarer oder anders strukturierter Universitäten in Beziehung setzen? Welche Typen von Freiräumen charakterisieren unseren Untersuchungsgegenstand? Welche örtlichen, teilräumlichen Ausprägungen des zu untersuchenden universitären Freiraums müssen wir vor diesem Hintergrund in jedem Fall ins analytische Blickfeld nehmen? Was sind geeignete Vergleichsbeispiele – andere Universitäten in ehemaligen militärischen Liegenschaften, Universitäten in ehemaligen Klosteranlagen, städtisch eingebundene Universitäten im Kontrast zu Campusuniversitäten, Universitäten in unterschiedlichen regional-kulturellen Kontexten etc.? Von welchen Menschen können wir etwas über unseren Untersuchungsgegenstand erfahren: Von uns selbst durch intuitive und/oder vorbereitete Wahrnehmung? Von den Landschaftsarchitekten, Fachfirmen und Handwerkern, die an der Gestaltung der Freiräume beteiligt waren? Von den Verwaltungsbeamten oder politisch Verantwortlichen, die für die Finanzierung der Universität zuständig waren bzw. sind? Von den Gärtnern und Hausmeistern, denen die Pflege der Freiräume obliegt? Von Studierenden, Lehrenden und Angestellten, die der bestehenden Qualität der Freiräume in ihrem Alltag ausgesetzt sind? Allein diese vielen Fragen zum Untersuchungsdesign, deren Spektrum sich durch die erforderlichen Entscheidungen zur Fokussierung und Kontrolle des Forschungsprozesses noch erweitert, zeigen, wie notwendig eine präzise methodologische Vorklärung des Vorwissens, relevanter Aspekte des Forschungsgegenstandes und entsprechender Forschungsfragen bis hin zur Bestimmung des angemessenen erklärenden Materials sind. Diese methodologischen Vorklärungen sind eine unverzichtbare Entscheidungsgrundlage für Forschungsstrategien und die Auswahl ihnen entsprechender Erhebungsinstrumente. Denn die Entscheidung darüber, ob Anworten auf die oben genannten Fragen mittels Beobachtung, Befragung, Inhaltsanalyse oder instrumentelle Mischformen gewonnen werden, hängt allein davon ab, welches instrumentelle Setting den Forschungsstrategien und den methodologisch begründeten Erklärungsabsichten am besten entspricht. Die Anwendung des gewählten Spektrums von Erhebungsinstrumenten erfordert ihrerseits die Einhaltung jeweils geltender Regeln, die für jedes Instrument in Lehrbüchern zur empirischen Sozialforschung nachzulesen sind.

Die *Datenanalyse* setzt ein, sobald die Datenerhebung abgeschlossen ist. Sie erfordert in einem ersten Schritt die Bereitstellung auswertbarer Datendokumentationen. Dies können Texte aus geschriebenen oder medial aufgezeichneten Protokollen zu einzelnen Erhebungstechniken sein, Zeichnungen, Kartierungen, Pläne, Fotos, Film- und Tondokumente und/oder codierte und maschinenlesbare Ergebnisse standardisierter Verfahren. Solche Datendokumentationen werden im zweiten Schritt der Datenanalyse ausgewertet. Dieser Arbeitsschritt umfasst die Ermittlung interpretierbarer Ergebnisse entsprechend der Ordnungsstruktur des ausgewählten Untersuchungsgegenstandes. D.h., bei einer vollständigen Ordnung des Gegenstandes, in der all seine Elemente exakt bestimmbar sind, besteht die Möglichkeit einer quantifizierenden, statistischen Analyse. Ist die Ordnung des Gegenstandes ganz oder teilweise unvollständig, bedarf es zusätzlich einer qualitativ konstruierenden Auswertung, die auf theoretische und empirische Zusammenhänge im Untersuchungsfeld ausgerichtet ist. *Beispielhaft* auf die universitären Freiräume zurückgreifend ist im Prozess der Datenanalyse das erhobene Informationsmaterial für eine Auswertung aufzubereiten, d.h. es so zu bündeln, dass Aussagen zur untersuchten Qualität der Freiräume extrahierbar sind. Die Auswertung besteht dann in der Erarbeitung quantifizierbarer und qualitativer Befunde, die einen Beitrag zur Erklärung der Qualität von Freiräumen auf Universitätsgeländen leisten können.

Die *Dateninterpretation* stellt die Ernte im Forschungsprozess dar. Sie beinhaltet die Auslegung erzielter Untersuchungsergebnisse in Bezug auf die gestellte(n) Forschungsfrage(n) und die Erarbeitung von Schlussfolgerungen für künftige Forschung und gesellschaftliche Praxis in dem bearbeiteten Untersuchungsfeld. In diesem Arbeitsschritt gilt es das erzielte neue Wissen – z. B. über untersuchte universitäre Freiräume – zu formulieren, offenkundig gewordene Probleme im Prozess der Wissensgenerierung zu erläutern und/oder Handlungsalternativen im Forschungsprozess zu reflektieren. Schlussfolgerungen für die gesellschaftliche Praxis können sich beziehen auf Handlungsziele, Aufgabenstellungen, Handlungsstrategien für unterschiedliche gestaltende und nutzende Akteure im untersuchten Handlungsfeld. Sowohl die erzielten Forschungsergebnisse als auch daraus abgeleitete wissenschaftliche und praktische Schlussfolgerungen sollten zumindest derjenigen Öffentlichkeit bekannt gemacht werden, die mittelbar oder unmittelbar mit der Gestaltung des Forschungsfeldes befasst ist. Dies kann z. B. in Form von Vorträgen, Aufsätzen, Filmen, Ausstellungen, szenischen Darstellungen oder Studienprojekten erfolgen, die zu einer kritischen Reflexion des Ist-Zustandes im untersuchten Handlungsfeld und zu gegebenenfalls erforderlichen Veränderungen ermuntern sollten.

## Raum-Bildung als Raumgestaltung: Methodische Anregungen zu innovativen gesellschaftlichen Praktiken in universitären Lebensräumen

Sollte sich bei der methodologischen Annäherung an den Gegenstand der „Raum-Bildung auf dem Campus" herausstellen, dass weniger die Generierung neuen Wissens in diesem Themenfeld als vielmehr die Umsetzung vorhandenen Wissens in die gesellschaftliche Praxis der Herstellung und Nutzung universitärer Lebensräume im Vordergrund steht, sollte hierfür ebenfalls ein methodisches Handlungskonzept erarbeitet werden. Ausgehend von den methodologischen Vorentscheidungen sind dabei folgende Arbeitsschritte erforderlich, die jeweils unter Einsatz von didaktischen Mitteln der Wahrnehmung, Intervention sowie der De- und Rekonstruktion gesellschaftlicher Erfahrung im Handlungsfeld methodisch gestaltet werden können:

*Motivation*: Mit welchen Methoden kann ich wen dazu motivieren, an dem angestrebten Prozess der Raumgestaltung mitzuwirken? Das Spektrum der Möglichkeiten reicht hier von angeleiteten Wahrnehmungs-Spaziergängen im Handlungsraum, über analytisch fundierte Klageschriften, interne oder öffentliche Ereignisse, die den Handlungsbedarf offenkundig werden lassen (z. B. Demonstrationen, Raumexperimente, Theaterstücke, Kabaret, Filmreihen) bis hin zu systematischen Gesprächen mit den ExpertInnen des raumzeitlichen Alltags auf dem Campus (als Interventions- bzw. De- und Rekonstruktionsmethoden gesellschaftlicher Erfahrung).

*Bestandsaufnahme*: In diesem Arbeitsschritt geht es um die Methodik der Systematisierung vorhandener Wissens- und Erfahrungsbestände zu dem Gegenstand der angestrebten Raumgestaltung. Hierbei können z. B. vorhandene Forschungsergebnisse für inhaltsanalytische Raumwahrnehmungen aufbereitet werden. Weiterhin bietet es sich an, wirkmächtige Akteure im Handlungsfeld zu identifizieren und deren Netzwerke zu analysieren, um Strategien für die geplante Raumgestaltung zu konkretisieren (De- und Rekonstruktion). Nicht zuletzt ermöglichen schriftliche, mündliche oder szenische Interventionen im Handlungsfeld die Offenlegung von Handlungsbedarfen und möglichen Gestaltungsalternativen.

*Information*: Hier steht die Methodik der Qualifizierung aller Beteiligten im geplanten Prozess der Raumgestaltung im Vordergrund. Dabei ist zu entscheiden, wie gestaltungsrelevante Wissens- und Erfahrungsbestände so in die Köpfe und Herzen der Mitwirkenden transferiert werden können, dass auf einer gemeinsamen Wissensbasis geplant und verändert werden kann. Auch hierfür eignen sich potentiell alle angegebenen didaktischen Mittel. Wichtig ist, ihren Einsatz auf den Gestaltungsgegenstand sowie die Adressaten der Information abzustimmen.

*Konzeption*: Als Methoden eignen sich für die Konzeption innovativer Raumgestaltung auf dem Campus alle Techniken, die die sinnliche Wahrnehmung und eingeübte Denk- wie Gestaltungsrituale reflektieren und erweitern. Erkundungen in fremden Lehr- und Lernwelten können dafür ebenso hilfreich sein wie Phantasiephasen im Rahmen von Zukunftswerkstätten. Zur Intervention bieten sich Szenario-Techniken, Raumexperimente oder dialogische Planungsverfahren an. De- und Rekonstruktion gesellschaftlicher Erfahrung kann in Konzeptionsprozessen universitärer Raumgestaltung in Planspielen, prospektiv ausgerichteten vergleichenden Fallanalysen, öffentlichen Präsentationen von (Denk-)Modellen zu Handlungsoptionen etc. stattfinden.

*Umsetzung*: Wer erledigt was, mit wem, wo, mit welchen Mitteln und Ergebnissen, in welchen Zeitphasen? Zu diesen zentralen Fragen raumgestaltender Praxis sind jeweils geeignete Methoden der inhaltlichen Arbeit sowie ihrer Organisation und Vermittlung nach innen und außen festzulegen. Auf der Ebene der Wahrnehmung können es interne Aufgaben- und Zeitpläne sein, Strategien der Öffentlichkeitsarbeit, die das Gestaltungsvorhaben in die öffentliche Wahrnehmung rücken oder Erkundungen zur Wahrnehmung von Teilergebnissen der Raumveränderung durch künftige Nutzergruppen. Zur Intervention eignen sich runde Tische, erläuternde Veröffentlichungen zu Zwischenergebnissen oder Mediationsverfahren in Konfliktfällen. Als de- und rekonstruktive Umsetzungsmethoden bieten sich partizipative Planungswerkstätten, begleitende Studienprojekte und Diplomarbeiten oder themenzentrierte Interviews mit ExpertInnen zu auftretenden Handlungsproblemen an.

*Evaluation*: Hierbei handelt es sich um den letzten Schritt im Prozess einer innovativen Gestaltung universitärer Lebensräume. Er dient der atmosphärischen, sachlichen, sozialen, ästhetischen, ökonomischen und politischen Prüfung erreichter Handlungsziele. Methodisch bieten sich hierfür alle im vorhergehenden Abschnitt erläuterten Forschungsmethoden an. Dieser Arbeitsschritt wurde und wird in Prozessen universitärer Raumgestaltung konsequent vernachlässigt, obwohl er die einzige Chance zum Lernen aus stattgefundenen Fehlentwicklungen bietet. Wenn Veröffentlichungen in Projekten zur Entwicklung der „Sustainable University" nicht zu symbolischen Lippenbekenntnissen verkommen sollen, ist in allen Prozessen des Umbaus universitärer Lern- und Forschungswelten eine sachgerechte Evaluation diesbezüglicher Forschung und Raumgestaltung unverzichtbar.

Dieser Beitrag liefert weder für Forschung noch für Gestaltungsprozesse universitärer Außen- und Innenräume unmittelbar anwendbare Rezepte. Dies aus gutem Grund: Jeder Forschungs- und Gestaltungsprozess hat seine eigene Geschichte, seine eigene Logik, einen Eigensinn und entsprechend eigene Entwicklungsmöglichkeiten. Zu ihrer Gestaltung versucht der Text anzuregen, in der Hoffnung, dass zukünftige Generationen von Lehrenden, Studierenden und Forschenden auch in Universitäten ihnen angemessene Entfaltungsspielräume finden.

**Literatur**

Becker, G./Bilstein, J./Liebau, E. (o.J.): Räume bilden. In: Dies. (Hrsg.): Räume bilden: Studien zur pädagogischen Topologie und Topographie. Seelze-Velber. S. 9–16

Breckner, I. (1996): Raum einnehmen. Wohnwelten von Mädchen und jungen Frauen auf dem Weg zu Repräsentationen des Selbst. In: Diskurs, H. 2, S. 21–31

Breckner, I./Sturm, G. (1997): Raum-Bildung: Übungen zu einem gesellschaftlich begründeten Raum-Verstehen. In: Ecarius, J./ Löw, M. (Hrsg.): Raumbildung – Bildungsräume. Über die Verräumlichung sozialer Prozesse. Opladen. S. 213–236

Breckner, I./Sturm, G. (1998): Wissenschaftliches Gutachten zum Thema „Interaktive Methoden der Raum-Zeit-Gestaltung" im Rahmen des europäischen Projektes „Zeiten und Qualität der Stadt" (Eurexcter), Projektverbund Eurexcter, Hamburg (Ms.)

Bretthauer, B. (1999): Die Nachstadt: Tableaus aus dem dunklen Berlin. Campus, Frankfurt a. M.; New York

Ciompi, L. (1988): Außenwelt – Innenwelt. Die Entstehung von Zeit, Raum und psychischen Strukturen. Göttingen

Fleck, L. (1994, zuerst 1935): Entstehung und Entwicklung einer wissenschaftlichen Tatsache. Frankfurt a. M.

Gosztonyi, A. (1976): Der Raum. Geschichte seiner Probleme in Philosophie und Wissenschaften. Freiburg

Husserl, E. (1993): Arbeit an den Phänomenen. Ausgewählte Schriften. Hrsg. von Waldenfels B. Frankfurt a. M.

Jammer, M. (1960): Das Problem des Raumes. Die Entwicklung der Raumtheorien. Wissenschaftliche Buchgesellschaft. Darmstadt

Kleining, G. (1995): Lehrbuch Entdeckende Sozialforschung, Bd. 1. Weinheim

Läpple, D. (1991): Essay über den Raum. Für ein gesellschaftswissenschaftliches Raumkonzept. In: Häußermann, H./Ipsen, D./Krämer-Badoni, T./Läpple, D./Rodenstein, M./Siebel, W, (Hrsg.): Stadt und Raum. Pfaffenweiler, S. 157–207

Läpple, D. (1993): Thesen zu einem Konzept gesellschaftlicher Räume. In: Mayer, J. (Hrsg.): Die aufgeräumte Welt – Raumbilder und Raumkonzepte im Zeitalter globaler Marktwirtschaft. Loccumer Protokolle 74/92. Evangelische Akademie Loccum, Rehburg-Loccum. S. 29–52

Lemmen, R. (1999): Vom Campus zum Stadtteil – 30 Jahre Stadtplanung für die Universität Bremen. Delmenhorst

Löw, M. (1999): Raum. Eine Neubestimmung des soziologischen Grundbegriffs unter besonderer Berücksichtigung stadtsoziologischer, bildungs- und sozialisationstheoretischer Aspekte. Habilitationsschrift am Fachbereich Geschichte, Philosophie und Sozialwissenschaften der Martin Luther Universität Halle (Ms.; Veröffentlichung im Jahr 2000. Frankfurt a.M.)

Schmitz, H. (1998): Der Leib, der Raum und die Gefühle. Ostfildern

Sturm, G. (2000): Wege zum Raum. Methodologische Annäherung an ein Basiskonzept raumbezogener Wissenschaften. Opladen

Ute Stoltenberg

# Die Dinge und wir

## Räume, Dinge und Nachhaltigkeit

Ausgangspunkt für die folgenden Überlegungen ist die Frage, welche Rolle Dinge spielen, wenn über Kommunikation und Konsum Nachhaltigkeit thematisiert, auf sie aufmerksam gemacht, sie kritisch diskutiert und praktiziert werden soll. Mit Dingen meine ich hier solche Gegenstände, die von Menschen hergestellt worden sind – also keine Steine oder Äste etc.[2]

Es ist nicht zufällig, dass dem Nachdenken über die Wahrnehmung, Funktion und Gestaltung von Räumen (vgl. Greverus und Breckner in den vorangehenden Beiträgen) in ihrer Bedeutung für nachhaltige Entwicklung eine intensivere Zuwendung zu „den Dingen" folgt. Orte werden erst zu Räumen durch Dinge. Wenn wir uns mit Räumen auseinandersetzen, gehört die Auseinandersetzung mit ihrer Ausstattung dazu. Wir erkennen Räume über die Dinge, die zu ihnen gehören. Die Universität Lüneburg ist eine Campus-Universität; der Campus war vor nicht langer Zeit noch eine Kaserne. Ohne Frage gibt es noch etwas von diesem Gestus der Kaserne, trotz aller Umbauten und Ergänzungsbauten. Vor allem Menschen, die mit dieser oder überhaupt einer Kaserne in ihrer Lebensgeschichte näher in Berührung gekommen sind, nehmen solche Signale auf.

---

2  Die Abgrenzung, die 1972 von Hans Linde, der Dinge als Oberbegriff für die „gemachten" Sachen und das „naturgegebene" Vorfindbare begreift, vorgenommen wird, ist schwierig – was sind z. B. durch Züchtung oder Gentechnologie hergestellte „Naturprodukte"?

Aber nicht zuletzt andere Dinge haben diesen Campus und seine Räume zu einer Universität gemacht. Und so könnte das Nachdenken über diesen Raum Universität, ausgehend von den Dingen, weiteren Aufschluss über Nachhaltigkeit in der Lebenswelt Universität geben.

Warum ist es unter der Perspektive nachhaltiger Entwicklung wichtig, über Dinge und unser Verhältnis zu ihnen nachzudenken? Dafür nenne ich drei Gründe, die miteinander zu tun haben:
- Die Rede über Dinge als „tote Materie" – gedacht als Gegensatz zur lebendigen Natur – ist irreführend. In den von Menschen hergestellten Dingen stecken immer auch Ressourcen aus dem Ökosystem Erde. Und da es hier um die Frage geht, ob und wie man so mit den Ressourcen umgeht, dass auch künftige Generationen noch einen lebenswerten Planeten vorfinden, müssen wir über hergestellte Dinge neu nachdenken (Steffen 1996).
- Viele Menschen haben kein Verhältnis mehr zu Dingen – Dinge werden aufgehäuft, zerstört, weggeworfen. Sie geraten uns aus dem Blick, wenn wir genug von ihnen haben. Aber wir müssen – wie Vilém Flusser das damit verbundene grundsätzliche Problem bildlich formuliert hat – „auf Schritt und Tritt gewärtig sein, dass die Scherben der von uns weggeworfenen Flaschen an unerwarteten Orten wieder auftauchen können, um uns die Füße zu zerschneiden" (Flusser 1993, S. 22).
- Gleichzeitig beanspruchen und regulieren uns Dinge. Wir haben die Dinge nicht „im Griff" – sie haben uns. Es geht also auch um die Frage humaner Ressourcen im Umgang mit Dingen.

Der hier aufscheinenden Problematik wird mit einigen schnellen Antworten begegnet: Einerseits müsste man auf „Öko-Produkte" ausweichen und andererseits könne man Konsumverzicht leisten. Mit diesen Antworten werden jeweils nur Teilaspekte unseres Verhältnisses zu Dingen unter der Perspektive nachhaltiger Entwicklung erfasst. Eine nur ökologisch oder ökonomisch motivierte Argumentation blendet jedoch die sozialen und kulturellen Kontexte aus, in denen sich gemeinsam ein Verständnis und Handeln von Nachhaltigkeit entwickeln kann. In Ergänzung zu Überlegungen, die nach der stofflichen Herkunft von Dingen fragen, nach dem Verbrauch natürlicher Ressourcen, nach den Belastungen, die Dinge für das Ökosystem Erde mit sich bringen, soll hier nach den sozialen und kulturellen Aspekten unseres Verhältnisses zu Dingen gefragt werden. Als Hintergrund werden dafür im folgenden sehr unterschiedliche wissenschaftliche Sichtweisen herangezogen und in einen gemeinsamen Argumentationszusammenhang gestellt: individualpsychologische – die nach dem Zusammenhang von Dingen und Persönlichkeitsentwicklung fragen; sozialpsychologische – also solche, die auch gesellschaftliche Wirkungen und Einflüsse berücksichtigen; kulturwissenschaftliche – die Dinge als Ergebnis und Anlass für kulturelle Prozesse betrachten, die untersuchen, wie Dinge zu kulturellen Symbolen werden, welche Bedeutung sie gewinnen innerhalb einer Kultur. Aus dieser Perspektive wird auch auf ökologische und ökonomische Aspekte Bezug genommen.

## Die physische Umwelt ist nicht „neutral"

Um Dinge im Verhältnis zu uns zu charakterisieren, reicht es nicht, ihre Funktion im engeren Sinne zu beschreiben.[3]

Eine Gabel ist zunächst ein Werkzeug, mit dem wir Nahrung zu uns nehmen – aber sie legt uns auch nahe, das Stück Fleisch aufzuspießen und nicht in die Hand zu nehmen.[4] Gebrauchsgegenstände speichern normatives Wissen und normative Aufforderungen. Dinge binden uns so in ein System von Normen und Werten ein, das auch nachhaltiges Wirtschaften zum Inhalt haben kann – Recyclingpapier oder das Semesterticket für den öffentlichen Nahverkehr wären dafür Beispiele.

---

3 Als eine Verkürzung muss deshalb die Gegenüberstellung von Gebrauchswert und Tauschwert als Schlüssel zum Verständnis des Verhältnisses von Mensch und Dingen, wie Haug sie diskutiert hat, gesehen werden (vgl. Haug 1971).
4 Zur Geschichte der Gabel vgl. Petrosky 1994.

Gebrauchsgegenstände speichern gesellschaftliches Wissen, zum Beispiel technisches – es dringt über den Gebrauch von Gegenständen in einer bestimmten Weise in unser Leben ein und wird Teil von uns. Denken Sie an die Schraube – als eine andere technische Lösung im Vergleich mit dem Nagel – oder an den Laptop. Es kommt hier nicht darauf an, dass wir das technische Wissen verstehen, sondern dass die Art der Technik uns eine Information über uns und unsere Art und Weise zu leben gibt. Am Beispiel der Schraube kann man zudem nachvollziehen, wie Dinge in unser Bewusstsein eindringen: sich hochschrauben oder die Gestik mit zwei Händen im Sinne von „Etwas wird verschraubt" zeigt die Internalisierung einer Ding-Eigenschaft in unser Körper- und Sprachbewusstsein.

Dinge fungieren als „Zeugen" ökonomischer, sozialer, kultureller und psychischer Prozesse (Flusser 1993, S. 79; Hauser 1994, S. 19). Gesellschaft wird sichtbar über Dinge. Sachen können ein Schlüssel sein, frühere oder fremde Lebensweisen, Macht- und Geschlechterverhältnisse zu verstehen. Dinge können auch dazu dienen, einer besonderen Lebensweise Ausdruck zu geben. Sie schmücken oder schrecken ab, sie geben Auskunft über die Zugehörigkeit zu einer bestimmten Gruppe oder zeigen ein Bedürfnis dazuzugehören. Dass Dinge eine Sprache haben, macht sich die Werbung zunutze: Produkte sprechen zu den potentiellen Kunden (Heubach 1996). „Kauf mich!" oder „Ich bin zwei" sind Slogans, mit denen die Dinge von sich aus zu uns in Beziehung treten. Auch Erwachsene lassen sich mit dieser animistischen Weltsicht ansprechen, die doch eigentlich den Kindern zugesprochen wird, die noch eins sind mit den Dingen.

Dinge haben ihren Kontext. Und in einen definierten Kontext gehören bestimmte Dinge – und andere nicht. Und deshalb sind Dinge Teil unseres Orientierungssystems. Dinge fungieren als Symbole sozialer Differenzierungen und Integration[5] (Nahrungs- und Genussmittel sind beispielsweise in hohem Maße sozial normiert). Dabei gibt es

---

5  Vgl. Eisendle/Miklautz 1992, unter Bezug auf Durkheim.

einen Einfluss von Dingen auf die Qualität unserer Orientierungen: Entweder – so Csikszentmihalyi und Rochberg-Halton (1989) – tragen sie dazu bei, Ordnung in uns, in unserem Verhältnis zu anderen und in unserem Verhältnis zu unserer natürlichen und hergestellten Umwelt zu stiften oder sie bringen dieses für unsere persönliche Entwicklung und unser langfristiges Wohlbefinden notwendige Gleichgewicht in Unordnung (ebd.).

Orte und dazu gehörende Dinge fungieren als „kollektives Gedächtnis" (Habermas 1996, S. 183) und führen uns in die jeweilige Kultur ein. In der Form einer Universität – bei Tilmann Habermas ist das Beispiel eine Stadt – „tradiert sich zugleich die soziale Organisation ihrer Bewohner, in die neue Generationen unmerklich hineinwachsen und in der sie sich zurechtfinden" (ebd.). Die räumliche Lage von Serviceeinrichtungen auf einem Universitäts-Campus, die Struktur und Ausstattung der Immatrikulationsstelle „sagen" einem, wie „man" sich zu verhalten hat. Dinge tragen dabei eine bestimmte Bedeutung mit sich, die abgehoben sind von ihrer materiellen Existenz (Baudrillard 1991) – und wir reagieren im Umgang mit Dingen auf diese Bedeutungen, nicht selten nur auf diese Bedeutungen, unabhängig von ihrem Gebrauchswert. Allerdings sind die Lesarten heute nicht mehr einheitlich und eindeutig – einige Studierende kommen in Alltagskleidung zu ihrer Abschlussprüfung, andere haben sich offensichtlich dazu etwas Besonderes angezogen. Der Pluralität von Lebenslagen und Lebensstilen entspricht eine Vielperspektivität von Betrachtungsweisen. Daraus resultieren neue Anforderungen an Verständigung über gemeinsam genutzte Räume und die Dinge in ihnen – und über die Perspektive, unter der man sie gemeinsam nutzen will.

## Lebenswelt Universität – Eingrenzungsversuche

Dinge haben ihren Kontext. Und in einen definierten Kontext gehören bestimmte Dinge – und andere nicht. Was gehört in eine Universität? Dazu wurden Studierende eines Seminars, das sich mit dem

Alltagsbegriff beschäftigte, befragt. Die Ergebnisse lassen ein deutliches Profil der Universität erkennen: 28 Studierende nannten folgende Elemente als wesentlich für die Universität:

| | |
|---|---|
| Mensa | 23 |
| Bibliothek | 21 |
| Hörsäle | 16 |
| Seminarräume (dagegen nur) | 7 |
| Computer/Rechenzentrum | 12 |
| Bücher | 10 |
| Copy Card, Kopierer, Kopien | 6 |

Zur Interpretation der Ergebnisse sollte man noch wissen, dass es sich um Studierende im Fachbereich Erziehungswissenschaften handelte, deren Studienplan einige (Pflicht-)Vorlesungen, überwiegend jedoch Seminarformen vorsieht.

Eher lebensweltliche Bestandteile, die nicht nur auf Arbeitssituationen bezogen sind, sahen ungleich weniger Studierende als Bestandteil der Universität:

Das studentische Veranstaltungszentrum „Vamos" oder die Parties dort waren zumindest für 5 erwähnenswert;
Infobretter, Plakate, Unizeitung sahen ebenfalls 5 als Bestandteil der Universität;
4 erwähnen Sitzgelegenheiten im Freien, auf Treppen,
2 Rasen und Biotop,
2 Kino
1 Sport.
Mit jeweils 1 Nennung sind vertreten:
die studentische Food-Kooperative
der Ökostand (ein Marktstand, der einmal pro Woche Produkte aus ökologischen Anbau auf dem Campus anbietet)
das Ökoessen in der Mensa
Konrad, die Fahrrad-Werkstatt.

Die Dinge und wir ——————————————————— 59

Bei der Frage, was zu einem selbst in der Existenz als Student bzw. Studentin gehört, werden andere Akzente gesetzt. Über die genannten Dinge – es konnten unbegrenzt mehrere genannt werden – entsteht ein Bild des Alltags, des Arbeitens und Lebens an der Universität:

> Für 13 Personen gehört der Terminkalender zum Studentinnen- bzw. zum Studenten-Sein; die 4, die eine Uhr nennen, könnte man diesem Assoziationszusammenhang noch zurechnen;
> 13 nennen zudem Mappen, Stifte, Block; rechnet man vier genannte Kugelschreiber ein, so sind es 17;
> 10 brauchen ihre Tasche, 2 einen Rucksack;
> 7 fühlen sich von der Federtasche begleitet (Sieht man sich in einem Seminar um, so liegen mindestens vor 26 von 28 Studierenden Federtaschen – oft noch aus der Schule –, ein Griffelkasten oder in der Regel ziemlich abgegriffene, offensichtlich intensiv genutzte Täschchen);
> 9 nennen spontan Thermoskanne und/oder Butterbrot, Wasserflasche, Tee, Äpfel (1 Schokolade);
> 7 denken immerhin an Bücher;
> wobei für 7 Geld für Schließfächer, Kleingeld allgemein oder das Portemonnaie ihren Alltag mit ausmacht;
> die formale Existenz ist offenbar für diejenigen sehr dominant, die Studentenausweis oder Matrikelnummer (3), Bibliotheksausweis (2), Copy Card (2) nennen.

Diese Dinge werden als „persönliche" Dinge bezeichnet – sie sind also als Teil der eigenen Person begriffen – ebenso wie Talismann (3) oder Bibel (1) oder „neue Klamotten" (nämlich andere als in der Schulzeit), die man schneller als persönlich begreift.

Von den 28 Befragten zeigen übrigens fünf einen „ökologischen Trend", drei weitere ökologische Aufgeschlossenheit ... (wenn man sich an den genannten Dingen wie Fahrrad, Öko-Essen, Konrad, Biotop o.ä. orientiert).

Diese kleine Umfrage soll nicht überstrapaziert werden. Aber sie zeigt doch, wie Dinge einen sozialen Raum bestimmen bzw. gestalten. Die

Ansammlung von Dingen kann etwas über den „Gefühlsinhalt" (Giedion 1982, S. 19) einer Universität in einer bestimmten Zeit mitteilen. Sie macht auch deutlich, dass Studierende im Prinzip in der Lage sind, durch ihren Umgang mit Dingen den Raum Universität zu einer Lebenswelt zu machen. Welche Aussage damit verbunden wird, ob damit ihren Bedürfnissen entsprochen wird, gleichzeitig auch den Erfordernissen eines verantwortlichen und befriedigenden Zusammenlebens mit anderen Menschen und mit der Natur bleibt hier offen – aber immerhin wird deutlich, dass der Gestaltungsraum dafür existiert.

## Dinge beanspruchen uns

Der Umgang mit Dingen ist zu einem großen Teil selbstverständlich, eingebaut in die Routinen des Alltags. Trotzdem kennen wir Situationen, da werden Dinge lästig oder gleichgültig. Csikszentmihalyi und Rochberg-Halton (1989) liefern eine Erklärung, wenn sie die Entwicklung des Selbst, der eigenen Person, als einen bewussten Prozess der Auseinandersetzung mit Sachverhalten beschreiben. Wir richten unsere Aufmerksamkeit gezielt auf Dinge in bestimmten Zusammenhängen. Aufmerksamkeit aber stellt eine begrenzte Ressource dar; sie wird von Csikszentmihalyi und Rochberg-Halton deshalb auch als physische Energie bezeichnet. Nach ihren Überlegungen muss die eingesetzte Energie erfahrbar zurückgewonnen werden – der gezielte Aufwand muss sich also lohnen. Wenn es gelingt, seine eigenen Bedürfnisse, die Bestrebungen der Gemeinschaft und die Naturgesetze in Einklang zu bringen (ebd.) wird man den von den Autoren sogenannten Kultivationsprozess als gelingend erfahren. Aber: „Wenn unsere Aufmerksamkeit von der Welt der Dinge exzessiv absorbiert wird, bleibt nicht genügend psychische Energie zur Kultivation der Interaktionen mit der restlichen Welt" (ebd., S. 69).

Fragen wir uns, welche Dinge das sein könnten, die uns so beanspruchen. Zum einen dürfte das eine quantitative Anhäufung von Dingen sein, die nicht mehr durch Vielfalt überzeugt, sondern überfordert.

Beispiele finden wir in jedem Lebensmittelladen. Aber auch in der Lebenswelt Universität gibt es unproduktive Massen von Dingen: Kopien, zum Beispiel, gehören wohl zu der Sorte, die uns eher an einer gelingenden Übereinstimmung mit uns, mit anderen und mit der Umwelt hindern... Zum anderen sind es Dinge, die im Nutzungsprozess, also in der Zeit, unverhältnismäßig viele Ressourcen beanspruchen – seien es humane oder stoffliche. Ein auch für den Wissenschaftsbereich zunehmend bedeutsamer werdendes Beispiel für beide Aspekte der Ressourcen-Inanspruchnahme ist der Computer oder die zunehmende technische Inszenierung von Vorträgen als „Zeitvernichtungsmaschine" (Rolf 1999). Im Sinne von Csikszentmihalyi und Rochberg-Halton lässt sich auch hier nach dem Verhältnis von Aufwand und Gewinn für ein gelingendes Verhältnis zu sich selbst, zu anderen Menschen unter Berücksichtigung der Inanspruchnahme natürlicher Ressourcen und der Belastung des Ökosystems Erde fragen.

Nun lässt sich die Beanspruchung durch Dinge in der Zeit durchaus auch im Sinne von Nachhaltigkeit gestalten. Eine Beziehung zu Dingen aufbauen, kostet Zeit, Dinge und Menschen brauchen Zeit füreinander. Sich auf Dinge einlassen, mit Dingen langfristig leben, kann befriedigend und entlastend sein. Es macht einen gegenüber anderen Menschen erkennbar und dient so dem eigenen Identitätsbewusstsein. Das kann beispielsweise der Fall sein, wenn man gelernt hat, mit seinem Musikinstrument umzugehen, wenn man sein Fahrrad zu reparieren oder seinen gemütlichen Pullover zu pflegen weiß. Eine langfristige Nutzung von Dingen kann zudem zu einer Schonung von Rohstoffen und Ersparnis von Energie führen. Dahl (1996) allerdings warnt, dass Dauerhaftigkeit kein Wert an sich ist. Er macht das u. a. am Beispiel von nahezu unverwüstlichen Kunststoffen deutlich, die vor allem für Produkte genutzt werden, die gerade nicht für eine lange Dauer hergestellt werden. Dann werden Dinge plötzlich durch ihren Abfallcharakter zu einem Problem. Eigene Bedürfnisse wandeln sich zudem in der Zeit, ebenso die Formen des Zusammenlebens, sodass auch neue und andere Dinge eine Rolle spielen.

So macht die Frage nach dem Ressourceneinsatz darauf aufmerksam, dass der Umfang der Dinge und die Anforderungen der Dinge an uns bewusst mit in die Gestaltung unseres Verhältnisses zu ihnen einbezogen werden sollten.

**Dinge strukturieren unseren Alltag**

Wir umgeben uns mit Dingen oder stellen Dinge her, die Ausdruck unserer Person sind – sie sind der von uns selbst gewählte Bezugsrahmen unseres Handelns, unserer Erfahrung. „Der Mensch konkretisiert sich in dem, was er beachtet, gern hat oder benützt" (Csikszentmihalyi/Rochberg-Halton 1989, S. 35). Sie ermöglichen es, uns als Teil des sozial-ökologischen Lebenszusammenhangs darzustellen. Sie sind Orientierung in unserer Beziehung zu uns selbst, zu anderen und im Verhältnis zu der natürlichen Umwelt. Die Reflexion über unser Verhältnis zu Dingen erschließt eine veränderte Sicht unserer Lebenssituation und damit verbundener Perspektiven. Studierende könnten darüber nachdenken, ob die Ansammlung von Dingen, die sie mit „der Universität" derzeit verbinden, das zum Ausdruck bringt, was Universität in ihrer Biographie einmal ausmachen sollte.

Dinge dienen dazu, unseren Lebensstil gegenüber dem Lebensstil anderer Gruppen zu profilieren. Ästhetik von Dingen ist dann auch als Ausdruck von Wert und Sinn zu interpretieren, als Teil unseres Umgangs mit den Dingen, nicht als aufgesetztes „Extra", auf das man im Sinne asketischer Lebensweise leicht verzichten könnte. Menschen bedienen sich der Dinge zur Verständigung untereinander – Zusammengehörigkeit oder Differenz, Macht, Hierarchie, Zuneigung – die Dinge sprechen viele Sprachen.

Es gibt Dinge, die sind uns lieb geworden. Auch das verweist darauf, dass in Dingen mehr stecken muss als nur ein Gebrauchswert oder ein Tauschwert. Csikszentmihalyi und Rochberg-Halton haben in ihrem Buch „Der Sinn der Dinge" am Beispiel von Gegenständen im Wohnumfeld aufgezeigt, dass Dinge für Menschen nicht wegen ihres Marktwertes, sondern aufgrund sozialer Bezüge und persönlicher Bedeutungen „besonders" sind. In Dingen steckt sozusagen immer eine Beziehungsgeschichte – sei es eine fiktive, sei es eine persönliche Erinnerung oder eine, die zur Selbstvergewisserung dient. Ein schönes Beispiel dafür sind Sammlungen von Kindern – Steine, Federn, Bilder, Kuscheltiere – in denen ein Verhältnis zur Welt ausgedrückt und entwickelt wird (Duncker et al. 1999). Sie sind zugleich Ausdruck der eigenen Person; Kinder finden einen eigenen Sinn in ihren Sammlungen und betrachten sie als Teil ihrer selbst (was schon in den Geheimplätzen zum Ausdruck kommt, an denen Sammlungen nicht selten gehütet werden). In der Biographie des einzelnen vermitteln Dinge zunächst Informationen mit Selbstbezug, später immer stärker Informationen mit Bezug zu anderen (Csikszentmihalyi/Rochberg-Halton 1989). Erinnerungsobjekte werden – meint Tilmann Habermas (1999) – erst in der Adoleszenz genutzt.

Dinge können in die Lebensgewohnheiten von Menschen tief eingreifen – das lässt sich an neuen Dingen studieren: So hat der Kühlschrank unsere Einkaufs- und Essgewohnheiten verändert, die E-mail unsere Kommunikation und wohl auch unseren Umgang mit Sprache und Denken. Daran wird deutlich, dass nicht nur der Symbolgehalt von Dingen unseren Alltag reguliert (in dem Sinne von „Objekte sind Statussymbole"), sondern Objekte vermögen dank ihrer konkreten Eigenschaften neue Erfahrungen oder veränderte Verhaltensweisen zu stimulieren. Giedion (1982) hat in seinem Werk „Die Herrschaft der Mechanisierung" zu zeigen vermocht, wie die Entwicklung von Werkzeugen und Sachen (z. B. Möbeln) das heutige Leben formen und dabei auch unsere Wahrnehmung, unser Denken und Erleben verändert haben.

## Die Aneignung von Dingen ist ein Bildungs-Prozess

Wie wir mit Dingen umgehen und welche Bedeutung wir ihnen zumessen, ist Ergebnis eines aktiv von uns mitgestalteten Prozesses. Durch das In-Gebrauch-Nehmen von Dingen fügen wir ihre kulturellen, technischen, sozialen, ökologischen Informationen in unseren Lebenszusammenhang ein; sie werden Teil unserer Erfahrungen, unserer Biographie (Selle 1992). Um noch einmal darauf zurückzukommen: Durch das Sammeln von Dingen erschließen sich Kinder ihre Welt – sie erkennen grundlegende Kategorien (z.B. von Materialeigenschaften), entdecken Gemeinsamkeiten oder Differenzen. Die Aneignung von Dingen ist Teil eines gesellschaftlichen Prozesses, in dem Wertungen über verschiedene Mechanismen durchgesetzt werden. Diese Mechanismen zu durchschauen und den eigenen Prozess der Sinnbildung reflexiv begleiten zu können, ist Aufgabe von Bildung. Dazu bedarf es eines besonderen Bezugs zur Umwelt und zu den Dingen. In Anlehnung an Dewey umschreiben Csikszentmihalyi und Rochberg-Halton ihn mit „Wahrnehmen" statt „Wiedererkennen". Wiedererkennen meint, dass „Menschen ihre Welt vor allem in Form bereits vorhandener Bedeutungskategorien erfassen; sie begegnen lediglich konservierten Erfahrungen ohne Leben und Entwicklungspotential." (Csikszentmihalyi und Rochberg-Halton 1989, S. 254) „Die Bereitschaft zum Wahrnehmen muss kultiviert werden." (ebd.) Dinge wahrnehmen können heißt, ihre Eigenschaften auf verschiedenen Ebenen unserer Wahrnehmung zur Kenntnis zu nehmen, heißt Differenzen zu entdecken, heißt die hinter den Dingen steckenden Sachverhalte zu verstehen. Wahrnehmung ist also kein eindeutig ergebnisorientierter Prozess, wie Gunter Otto zum Ausdruck gebracht hat, wenn er im Wahrnehmungsprozess, in dem sich Ästhetik und Erkenntnis verbinden, „den Erhalt von Komplexität und Vieldeutigkeit, von Kontroversen über begründbare Verstehensmuster" als Erfolg deutet (Otto 1998, S. 16).

## Exkurs: Kugelschreiber

Eine Kultur des Umgangs mit den Dingen entwickeln – mit dieser Forderung ließen sich zwei Einsichten zusammenfassen, die im Verhältnis zwischen Menschen und Dingen unter der Perspektive nachhaltiger Entwicklung von Bedeutung sind: Zum einen verfügen wir nicht endlos über natürliche Ressourcen, um beliebige Dinge produzieren zu können und unser Ökosystem Erde ist auch nicht beliebig in der Lage, vernutzte, weggeworfene Dinge zu „verdauen". Zum anderen fliessen in die kulturelle Gestaltung erhebliche humane Ressourcen in der Auseinandersetzung des Menschen mit Dingen ein. Wie konkret diese Frage uns betrifft, macht ein auf den ersten Blick banales Beispiel deutlich, in dessen Mittelpunkt der Kugelschreiber steht, ein wichtiger persönlicher Begleiter im Studium und wohl auch für Verwaltungsangehörige oder Lehrende in ihrer Arbeit an der Universität.

Im Zusammenhang mit der o.g. Befragung von Studierenden ergab sich aus einer Beobachtung sozusagen nebenbei ein kleines Projekt: 28 Studierende sitzen in einem Seminar – 24 davon schreiben mit dem Kugelschreiber, zwei mit einem Füllfederhalter, zwei mit einem Filzstift. Darauf angesprochen, reagieren die Studierenden überrascht. „Eigentlich schreibe ich mit Bleistift", bringen gleich mehrere Studierende vor. Es gibt ohne Frage Vorbehalte gegen das Ding, Vorbehalte und antizipierte Kritik. 28 Studierende und eine Dozentin werfen alle in ihrem Bestand befindlichen Kugelschreiber zusammen: 223 Stück. Hätten alle Studierenden in der Zeit nach Hause fahren können, wären es noch mehr geworden, da ihre „Sammlungen" sich häufig noch dort befinden.

223 Stück – ökologisch verträglich sein kann das nicht, ahnen wir. Aber Kugelschreiber bekommt man überall umsonst – so werden sie einfach gebraucht, weil sie da sind. Sind sie leer, wirft man sie weg oder legt sie zur Seite – die Minen sind teuer, es gibt verschiedene Typen, man muss die passende Mine finden und die kostet schon mehrere Mark. (Unter den gesammelten Kugelschreibern sind auch defekte oder

leer geschriebene – wir genieren uns ja vielleicht doch, etwas wegzuwerfen, das nach Reparatur oder einfach weiterer Beachtung schreit ...) Viel mehr kritische Punkte kommen nicht zusammen – bis auf das Eingeständnis, dass Kugelschreiber nicht gerade die Harmonie und Lesbarkeit der Handschrift fördern. Die Dinger haben etwas: Sie sind offenbar technisch zum Schreiben geeignet; der Bleistift sei immer abgebrochen, der Füller immer leer; die Tinte verbleiche oder verlaufe. Ein gewichtiges Argument wird aus der studentischen Arbeit bezogen: „Wir müssen hier immer schnell schreiben." Das ginge mit dem Kugelschreiber „wie geschmiert". Es gäbe zudem Kugelschreiber, die eine Bedeutung hätten: der stamme beispielsweise von einer lieben Freundin, dieser erinnere – selbst wenn es ein Werbegeschenk sei – an die eine Woche Betriebspraktikum. Im übrigen habe man sich an die Institution Kugelschreiber so gewöhnt – schließlich liegt überall einer herum: neben dem Einkaufszettel, neben dem Fernseher, usw. Dass Kugelschreiber sich vor allem durchgesetzt haben, weil sie zum Durchschreiben geeignet waren, fällt heute kaum noch jemandem auf – obwohl es bei Banküberweisungen und einigen Formularen in der Verwaltung noch von Bedeutung ist. Wieviel soziale Sprengkraft in einem Kugelschreiber steckt, formuliert eine Studentin: „Und in der Schule waren die ja nicht erlaubt! Ich schreibe damit, seit ich aus der Schule bin..."

Es gibt ökonomische, soziale, Gebrauchswert-Argumente – aber der Haufen von 223 Stück fordert heraus. Er wird sichtbar gemacht, indem jede individuelle „Sammlung" in ein Weckglas plaziert wird. Die 29 Weckgläser werden im Rahmen der Präsentation der Tagungsergebnisse des Lüneburger Projekts „Sustainable University" (vgl. auch Michelsen 2000) im Hörsaalgang der Universität Lüneburg ausgestellt. Den Kontext für diesen kleinen Haufen von Kugelschreibern bietet eine Information, die im Internet zu finden ist: „The highly popular modern version of Lazlo's pen, the BiC Crystal, has daily world wide sales of 14.000.000 pieces" (Sanford Berol 2000). Die Vorstellung wöchentlicher, monatlicher, jährlicher Kugelschreiber-Berge drängt sich auf – ebenso wie die Gewissheit, dass es auch noch andere Dinge in unserem Alltag gibt, die man mit diesem Blick ansehen könnte ...

## Beim Nachdenken über Dinge bleiben Fragen

Dieser Problemaufriss über „die Dinge und wir" spricht zunächst das Individuum an. Er bietet Möglichkeiten der Reflexion eigenen Konsumverhaltens und eigener Lebensgestaltung. Aber er lässt sich auch auf Institutionen und damit auf gesellschaftliche Gestaltung beziehen – zum Beispiel eben auf eine Universität, der als öffentliche Institution mit einer öffentlichen Aufgabe eine besondere Verantwortung für eine nachhaltige, zukunftsfähige Entwicklung zukommt. Vier Fragen eröffnen neue Gestaltungsräume auf dem Weg zu einer nachhaltigen Entwicklung:
- Was machen die Dinge mit uns in der Universität? Wie bestimmen sie unser Verhältnis zu uns, zu anderen und zu unserer natürlichen und gestalteten Umwelt?
- Kann man durch Dinge die Funktion der Universität als eine verantwortliche Institution im Prozess nachhaltiger Entwicklung unterstützen?
- Wie kann man im Rahmen der Universität ungewohnte Dinge zum Anlass nehmen/Dinge in verfremdeter Perspektive zeigen, um den Sinn hinter den Dingen wahrnehmen zu können?
- Wie können wir mit Dingen experimentieren – auf dem Weg zu einer nachhaltigen Entwicklung?

Diese Fragen sind Ergebnis einer Diskussion über das Verhältnis von Menschen und Dingen und damit über die kulturellen und sozialen Kontexte, in denen sich ein gemeinsames Verständnis von Nachhaltigkeit entwickeln kann. Um sie zu beantworten, ist ihr Zusammenhang mit ökologischen und ökonomischen Fragen jetzt wieder herzustellen.[6] Welche Qualitäten Dinge im Sinne von Zukunftsfähigkeit haben sollten, ist mit den Nachhaltigkeitsstrategien Effizienz, Konsistenz, Suffizienz (Stoltenberg/Michelsen 1999) beschrieben. Sie for-

---

6 Vgl. dazu: Stoltenberg: Lebenswelt Hochschule als Erfahrungsraum, in: Michelsen 2000, in dem das hier angesprochene Verständnis von Nachhaltigkeit näher ausgeführt wird.

dern dazu auf, den Umgang mit Dingen neu zu überdenken, aber auch auf bestimmte, nicht nachhaltige Dinge zu verzichten und gegebenenfalls neue zu entwickeln. Konkrete Erfahrungen mit diesen Alternativen in der Lebenswelt Hochschule könnten auch Anstoß sein, in der wissenschaftlichen Praxis und – bezogen auf Studierende – in ihren jeweiligen späteren Berufsfeldern ähnlich sensibel auf Dinge zu reagieren und sich an dem Prozess nachhaltiger Entwicklung zu beteiligen.

## Literatur

Baudrillard, J. (1991): Das System der Dinge. Über unser Verhältnis zu den alltäglichen Gegenständen. Frankfurt; New York

Dahl, J. (1996): Papiertaschentuch und Atomreaktor. Aspekte von Dauerhaftigkeit auch im weiteren Sinne. In: Steffen, S. 199–205

Duncker, L./Frohberg, M./Zierfuss, M. (1999): Sammeln als ästhetische Praxis des Kindes. In: Neuß, N. (Hrsg.): Ästhetik der Kinder: interdisziplinäre Beiträge zur ästhetischen Erfahrung von Kindern. Frankfurt a. M., S. 63–82

Eisendle, R./Miklautz, E. (Hrsg., 1992): Produktkulturen. Dynamik und Bedeutungswandel des Konsums. Frankfurt/New York

Flusser, V. (1993): Dinge und Undinge. München; Wien

Giedion, S. (1982): Die Herrschaft der Mechanisierung. Frankfurt a. M.

Habermas, T. (1999): Geliebte Objekte. Symbole und Instrumente der Identitätsbildung. Frankfurt a. M.

Haug, W. (1971): Kritik der Warenästhetik. Frankfurt a. M.

Hauser, A. (1994): Dinge des Alltags. Studien zur historischen Sachkultur eines schwäbischen Dorfes. Tübingen

Heubach, F. (1996): Das bedingte Leben. München

Linde, H. (1972): Sachdominanz in Sozialstrukturen. Tübingen

Michelsen, G. (Hrsg., 2000): Sustainable University. Auf dem Weg zu einem universitären Agenda-Prozeß. Frankfurt a. M.

Museum für Volkskultur in Württemberg (1992): Außenstelle des Württembergischen Landesmuseum Stuttgart: 13 Dinge. Form. Funktion. Bedeutung. Stuttgart

Otto, G. (1998): Lernen und Lehren zwischen Didaktik und Ästhetik. Bd. III Didaktik und Ästhetik. Seelze-Velber

Petrosky, H. (1994): Messer Gabel, Reißverschluß. Die Evolution der Gebrauchsgegenstände. Basel; Boston; Berlin

Rolf, A. (1999): Computer sind Zeitvernichter. Interview im Hamburger Abendblatt vom 24.03.1999

Sanford Berol (2000): The Pen: It's History und manufacture. www.sanfort.co.uk/pen/index.html, 23.01.2000

Selle, G. (1992): Produktkultur als gelebtes Ereignis. In: Eisendle/Miklautz, S. 159–175

Steffen, D. (Hrsg., 1996): Welche Dinge braucht der Mensch? Frankfurt a. M.

Stoltenberg, U./Michelsen, G. (1999): Lernen nach der Agenda 21. Überlegungen zu einem Bildungskonzept für eine nachhaltige Entwicklung. In: Stoltenberg, U./Michelsen, G./Schreiner, J. (Hrsg.): Umweltbildung – den Möglichkeitssinn wecken. NNA-Berichte 12. Jg., H. 1, S. 45–54

Uta von Winterfeld

# Konsum oder Nachhaltigkeit?!

Konsum – oder Nachhaltigkeit? Die Frage legt nahe, dass es etwas zu entscheiden gibt. Womöglich sind diese beiden gar nicht so ohne weiteres miteinander verträglich. Womöglich lässt sich das, was Konsum in modernen Gesellschaften bedeutet, nicht unbedingt mit Nachhaltigkeit vereinbaren. Zwar werden „Nachhaltige Konsummuster" allerorten konzipiert. Zwar ist schon seit Jahren davon die Rede, dass nun Verbraucherinnen und Verbraucher „der Umwelt zuliebe" konsumieren sollen. Als ob die Umwelt sich zurücklehnen und behaglich räkeln könne, wenn nur immer mehr ihr zuliebe konsumiert wird. Oft ist es in der Tat so, dass eine ökologische Errungenschaft durch den „Mengeneffekt" wieder kompensiert wird. Da werden dann zwar Autos mit Katalysator produziert – aber es werden immer mehr Autos produziert und immer mehr Kilometer gefahren. Mit dem Mengen-Wachstum wird sich der nachfolgende Beitrag befassen.

Ich möchte zunächst allgemein darlegen, welche Fallstricke mit der Verbindung von Konsum und Nachhaltigkeit verbunden sind. Anschließend wende ich mich konkreter einem elementaren Aspekt von Konsum zu, bei dem auch der Ort bis hin zur Universität Lüneburg eine Rolle spielt. Schließlich soll jenes Stück nicht unbedacht bleiben, welches auf der Bühne einer „Lebenswelt" Universität üblicherweise gespielt wird.

Beim Wort genommen bedeutet Konsum „Verbrauch" (von Bedarfsgütern) und kommt aus dem Lateinischen. „Consumere" heißt verwenden, verbrauchen, verzehren bzw. von der Wortzusammensetzung her „zum Gebrauch nehmen."

## Konsum oder Nachhaltigkeit?

In der Perspektive von Nachhaltigkeit geht es nun darum, etwas so zum Gebrauch zu nehmen, dass es erstens auch wieder neu entstehen und zweitens auch von späteren Generationen gebraucht werden kann. Oder anders, dass wir die Gebrauchsmöglichkeiten späterer Generationen durch unsere Art des Konsumierens nicht vernichten. Der Begriff „Nachhaltigkeit" stammt aus der Forstwirtschaft und meint, dass die Nutzung des Waldes seiner qualitativen und quantitativen Regenerationsfähigkeit gemäß erfolgen muss. So darf etwa der Boden nicht durch schwere Zugmaschinen geschädigt und damit die Bildung von Humus gestört werden. So darf nicht mehr Holz geschlagen werden, als nachwachsen kann.

Genau darum kümmert sich aber der Konsum dem Verständnis und auch dem gesellschaftlichen Stellenwert nach nicht. Konsum ist mit Verbrauchen befasst, nicht damit, wie etwas entsteht. Daher kann er nach meiner Auffassung auch nicht nachhaltig sein. Um nachhaltig zu werden, müsste Konsum etwas anderes sein als das, was er heute ist.

Und das Verhältnis von Produktion und Konsum müsste ein anderes sein. Nachhaltiger oder auch „grüner" Konsum setzt ökologische Produkte und Dienstleistungen voraus. Konsumentinnen und Konsumenten haben aber heute so gut wie keinen Einfluss auf die Herkunft, Zusammensetzung und Beschaffenheit der Güter.

Das war nicht immer so, sondern es ist eines der spezifischen Kennzeichen dieser modernen Industriegesellschaft.

Konsum war in seinen Anfängen Luxuskonsum. Er war einigen Wenigen vorbehalten. Auch schrieb beispielsweise das ständische Leben mit seinen Kleiderordnungen den einzelnen vor, was sie ihrem Stand gemäß tragen durften und was nicht. Luxuskonsumieren durfte, wer Geld und Macht hatte. Zugleich verliehen und symbolisierten die Dinge dem Konsumierenden auch Größe und Macht. So wird etwa Ludwig der XIV nicht nur als Sonnen-, sondern auch als Konsumkönig bezeichnet, der noch heute in unseren Geschichtsbüchern als Abbildung Güter gestützter Erhabenheit (hohe Absätze, eine enorme Perücke, prächtige Gewänder) zu sehen ist. Ohne seinen ganzen Prunk soll er eine eher mickrige Gestalt gewesen sein.

Für die Massen hingegen gab es so etwas wie Konsum kaum. Verbraucht werden konnte nur, was zuvor selbst produziert worden war. Produktion und Konsumtion waren in den agrarischen Gesellschaften nah zusammen und bedingten einander. Beide waren unmittelbar von Naturgegebenheiten und von eigenen, lokalen und produktiven Kräften abhängig.

Dieser Zusammenhang wurde durchschnitten, als die ländliche Lebensform immer mehr der städtischen wich, als die Naturalwirtschaft von der Geldwirtschaft überlagert wurde und als schließlich mit der Industrialisierung der Massenkonsum – teilweise sogar gewaltsam – durchgesetzt wurde, weil die nun massenhaft produzierten Güter ja auch abgesetzt werden mussten. Aus der Eigenproduktion wurde industrielle Produktion, aus der Selbstversorgung die Versorgung über den Markt. Erst damit entstand ein Konsum, der einerseits massenhaft ist und andererseits jeglichen Bezug zur Entstehung und jeglichen Einfluss auf die Beschaffenheit der Güter verloren hat.

So war die Entstehung modernen Konsums einerseits mit Emanzipation sowohl von feudalen Strukturen als auch von der Abhängigkeit etwa von traditionellen Ernte-, Fang- und Schlachtterminen verbunden. Andererseits entstanden neue Abhängigkeiten: die Abhängigkeit der Versorgung mit Gütern über den Markt wie auch die Abhängigkeit von industrieller Lohnarbeit, um zu erwerben.

Wie immer man nun das Verhältnis von Emanzipation und neuer Abhängigkeit, von Errungenschaften und Verlusten bewerten mag, fest steht, dass der Konsum der Produktion gegenüber in die Defensive geraten ist. Während die Produktion in Erwerbsbetrieben erfolgt, findet Konsum in privaten Haushalten statt. Hier ist ein asymmetrisches

# Konsum oder Nachhaltigkeit?

Tauschverhältnis entstanden, in welchem die Unternehmen die Führungsrolle übernommen haben, während den privaten Haushalten eine reaktive Rolle zukommt. Sie haben keinen Einfluss auf den Einsatz von Ressourcen, auf Qualität, Menge und Preis der Konsumgüter.

Die defensive und reaktive Rolle des Konsums wird auch da deutlich, wo wir uns die Politiklandschaft im Unternehmens- und im Verbrauchsbereich anschauen. Wie ist die Produktion – wie ist die Konsumtion politisch organisiert? Wie ist das Macht- und Kräfteverhältnis von Unternehmer- und Verbraucherverbänden? Wie sind deren jeweilige Einfluss- und Lobbymöglichkeiten? Nach welcher Stimme richten sich die Regierung und deren Politik?

Nun ist das Verhältnis von Produktion und Konsum nicht der einzige Punkt, welcher es schwer macht, Konsum in Verbindung mit Nachhaltigkeit zu denken. Hinzu kommt das, was als symbolische Bedeutung des Kaufens oder auch als kompensatorische Funktion von Konsum anzusehen ist. Oft ist ja die Bedeutung von Konsum eine eigentlich gar nicht konsumtive. Dies ist im Vortrag von Ute Stoltenberg über „Die Dinge und uns" schon angeklungen. Moderne Glücksvorstellungen sind dinglich, ranken sich eng um die Ausstattung mit Geld und Gütern. Werbeappelle, die uns zum Einkaufen auffordern, zeigen meist keine Gebrauchswerte von Dingen an, wie etwa die, dass sie uns sättigen, wärmen oder beherbergen. Angezeigt wird eher, dass wir beim Einkaufen glücklich sind, etwas Interessantes erleben und mit Menschen zusammen sind. So ist der Konsum der Dinge mit einem Kaufakt verbunden, bei dem es nicht um die Befriedigung von Grundbedürfnissen geht, sondern um eine Art Güter gestützter Identität. Solange aber gesellschaftliche Vorstellungen von Glück, von Freiheit, von Unabhängigkeit und Sicherheit derart an Güter gebunden sind, kann es so was wie nachhaltiges Konsumieren kaum geben. Vielmehr müsste sich für ein solches unser Verhältnis zu den Dingen und unsere Beziehung zu Gütern grundlegend ändern. Sie wären dann einerseits weniger wichtig, weil sich das Selbstbewusstsein nicht mehr um die Ausstattung mit Dingen ranken würde. Zugleich wären sie wichtiger, weil nicht mehr gleichgültig wäre, woher die Dinge kommen, wie und unter welchen Bedingungen sie hergestellt werden.

Hinzu kommt ein Drittes, welches den Zusammenklang von Konsum und Nachhaltigkeit zum Misston werden lässt. Ich habe es einmal „Die Kunst des richtigen Verhaltens in falschen Strukturen" genannt. Es soll also auf der einen Seite der Umwelt zuliebe weniger verbraucht werden – während auf der anderen Seite die Vorstellung, dass die Wirtschaft wachsen muss, ungebrochen ist. Es sollen also mit Blick auf die Nachhaltigkeit die Dinge länger leben und Produkte von größerer Haltbarkeit entwickelt werden – in einer Gesellschaft, deren Innovationsgeschwindigkeit Purzelbäume schlägt, und in der etwas oft schon aus der Mode ist, bevor wir uns damit vertraut machen und es uns aneignen konnten. Es sollen also aus ökologischer Rücksicht Recyclingprodukte gekauft werden – während soziale Differenzierung und Identitätsformung durch Güter unbeschadet fortbesteht und ständig neu umworben wird?

So gesehen bedeutet ökologisches Handeln dann, sich in falschen Strukturen richtig zu verhalten. Diese falschen Strukturen geraten deshalb oft aus dem Blick, weil es gerade im Konsumbereich von individuellen Verhaltensappellen nur so wimmelt. Auch die benannten Schwierigkeiten werden eher als individueller Widerspruch – etwa der zwischen Umweltbewusstsein und Umweltverhalten – erforscht, nicht als gesellschaftlicher Widerspruch zwischen Anspruch und Wirklichkeit bzw. Möglichkeit, die Ansprüche auch zu verwirklichen.

So sehr also meines Erachtens das Gespann Konsum und Nachhaltigkeit mit großer Vorsicht zu genießen ist und immer wieder kritisch zu fragen bleibt, ob sich denn diese beiden wohl vereinbaren lassen, so wenig ziele ich mit dem Gesagten auf zynische Resignation oder ratloses Nichtstun. Zwar gibt es „kein richtiges Leben im falschen" (Theodor W. Adorno) – aber doch ein richtigeres (wie Peter Brückner sinngemäß hinzugefügt hat).

# Konsum oder Nachhaltigkeit?

Damit gelange ich zur konkreten Ebene: Welche Bedeutung kann die Verbindung von Konsum und Nachhaltigkeit an der Universität Lüneburg haben?

In meiner Beispielwahl bin ich zunächst traditionell. Konsum fängt für mich beim Essen an. Hunger, der Wunsch nach Nahrung, ist das elementarste der Grundbedürfnisse. Nachhaltiger Konsum beim Essen führt räumlich gesehen einerseits in die Mensa. Was wird dort wie von wem unter welchen Bedingungen gekocht und wo kommen die Lebensmittel her? Nachhaltiges Konsumieren führt in der Perspektive des Essens von der Mensa weiter zur Landwirtschaft, zu den Höfen und Betrieben, wo unsere Lebensmittel erzeugt werden. Allerdings kommt wohl das Essen der Mensa zumeist gar nicht aus der Landwirtschaft, sondern aus der Lebensmittelindustrie, oder? Als Fremdling muss ich jedoch eingestehen, dass ich über das wirkliche Essen und die wirkliche Situation in der Mensa der Lüneburger Universität nichts weiß. Ich nehme aber an, dass auch hier der Zusammenhang von Mensa-Essen und lokaler Landwirtschaft allenfalls ein loser ist. Es wäre in der Tat im Hinblick auf eine nachhaltige Lebenswelt Universität schon viel gewonnen, wenn das Essen in der Mensa erstens aus lokalen und ökologischen Produkten zubereitet würde, zweitens wohlschmeckend, drittens erschwinglich wäre und viertens vehement nachgefragt würde.

Wenn Konsum erstens beim Essen anfängt und sich zweitens mit Blick auf nachhaltige Konsummuster das Verhältnis zwischen Konsum und Produktion ändern müsste, so lässt sich beides mit Ansätzen zu einer regionalen Landwirtschaft gut veranschaulichen. Hier können produktive Elemente des Konsums ebenso gezeigt werden wie verbrauchsnahe Elemente der Produktion. Nun kann ich dies nicht für die Region Lüneburg zeigen, wohl aber für das Bergische Land, aus dem ich selber komme. Dort habe ich die „Höfegemeinschaft Windrather Tal" als Ansatz zu einer regionalen und vernetzten Landwirtschaft untersucht.

Herausgekommen sind dabei „Erzählungen aus der Landwirtschaft", aus denen ich einige Stimmen von Bäuerinnen und Bauern vorstellen will.

„Landwirt", so formuliert es Michael Meißner, „ist man zu hundert Prozent. Das ist nicht nur ein Beruf, sondern eine Lebenseinstellung – das Leben." In der Landwirtschaft findet auch heute noch Arbeiten und Leben unter einem Dach, an einem Ort statt. Oft ist es inzwischen allerdings eine industrialisierte Landwirtschaft, ausgestattet mit einem ins Gigantische gehenden Maschinenpark. Eine solche Landwirtschaft und ein solches Arbeiten möchte Michael Meißner nicht: „Ich wünsch' mir, dass ich Bauer bleiben kann. Ich möchte hinterher nicht Maschinist sein."

Arbeit in der Landwirtschaft ist für ihn Arbeiten in und mit Natur. Die Arbeitsbedingungen verändern sich im Jahresrhythmus. Es ist eine geschlossene Arbeit. Da wird kein kleines Teil für ein großes hergestellt, sondern man ist von Anfang bis zum Ende dabei und bekommt mit, wie etwas aus der Natur kommt. Wie diese selbst die Voraussetzungen dafür schafft – mit menschlicher Hilfe – dass etwas wiederkommt. Es ist ganzheitlich – ein Kreislauf: „Landwirtschaft ist Umgang mit der Natur – im Zeitrhythmus. Es gibt Eigenzeiten. Weizen etwa kann ich nicht viel schneller herstellen. Es ist nicht wie beim Pressspanschrank aus Holz. Ich werde gezwungen, den Zeitrhythmus einzuhalten. Das ist schwierig. Und es ist schön, Vorgaben zu haben. Sonst kommst du irgendwann aus dem Rennen gar nicht mehr raus. Die Natur zwingt dich, ruhiger zu bleiben. Sie kann einen aber auch, wenn Heuernte ist und Regen droht, so richtig auf Trab bringen."

Allgemein und gesellschaftlich, meint der Biobauer, werden im Umgang mit Natur Fehler gemacht. Man beutet sie einfach aus.

Natur muss nicht in sich belassen werden. Sie ist immer im Wandel, und es ist nicht verkehrt, einzugreifen. Die Aufteilung aber, von intensivem Raubbau auf der einen und Stilllegung zur Kompensation

## Konsum oder Nachhaltigkeit?

auf der anderen Seite (Schmutz und Schutz) ist nicht richtig. Die Nutzung der Natur hängt vielmehr von der Intensität ab und davon, sie nicht nur als Produktionsfaktor, sondern auch als Produktionsgrundlage zu begreifen. In der landwirtschaftlichen Arbeit ist die Nutzung der Natur teilweise auch deren Erhaltung. So gibt es Ackerbauflora wegen des Ackerbaus, Heide wegen der Schafe. Es ist ein Geben und Nehmen. Produktion und Reproduktion sind in der landwirtschaftlichen Arbeit aufeinander bezogen. Es gibt nicht nur Ernte, sondern auch das Sorge-Tragen dafür, dass etwas wieder wachsen kann. Manchmal wird die Arbeit zum Kampf mit einer Natur, die einem Hindernisse in den Weg stellt. Man ringt der Natur etwas ab, bekommt die Produkte aber nicht gegen die Natur. Über Landwirtschaft und über die Arbeit in der Landwirtschaft ist es möglich, wieder zu einem realistischen Naturverständnis zurückzufinden. Auch der Wert der Arbeit wird einem vor Augen geführt, unmittelbar erlebt. Lernen lässt sich aus der Landwirtschaft die Notwendigkeit der reproduktiven und regenerierenden Arbeit. Sorge und Pflege haben ihren Wert und sind nötig.

Von der Politik kommen, so führt Michael Meißner weiter an, meist falsche Impulse und Rahmenbedingungen. Sie versucht, die Landwirtschaft auch in Bezug auf andere Systeme und Länder einem Strukturwandel anzupassen. Dieser führt dazu, dass der Bauer wie jeder andere Industrielle arbeiten soll. Zwar soll auf der anderen Seite die bäuerliche Landwirtschaft erhalten werden, aber der Rationalisierungsdruck geht immer weiter, ohne dass dem politisch entgegengewirkt wird. Eine kleine, bäuerliche Landwirtschaft bräuchte entsprechende Preise und Strukturen, sonst können kleinbäuerliche Betriebe angesichts von Weltmarkt und entsprechenden Preisen nur mit Subventionen erhalten werden. Andere Preise ließen sich allerdings nur dann verwirklichen, wenn das landwirtschaftliche Endprodukt, wie z. B. eine Kartoffel, wieder wertgeschätzt wird. Dazu gehört, dass beim Konsum der Anteil an Nahrungsmitteln im Gesamtbudget wieder steigt.

Solange dies noch nicht allgemein der Fall ist, sind Möglichkeiten der Eigenvermarktung für die landwirtschaftlichen Betriebe sehr wichtig.

Die Höfegemeinschaft „Windrather Tal" hat ein eigenes, regionales Vermarktungskonzept. Dazu erzählt Winnie Winter: „Grundvoraussetzung für ein regionales Vermarktungskonzept ist, Arbeits- und Lebenszusammenhänge so zu durchschauen, dass damit gewirtschaftet werden kann. Es geht darum, für andere zu wirtschaften, nicht für sich." Mit Blick auf die KundInnen ist Öffentlichkeitsarbeit sehr wichtig, wie auch umgekehrt die Kenntnis von dem, was die Kundinnen und Kunden wollen und suchen. Bei ihnen gibt es ganz verschiedene Motivlagen, wie beispielsweise die Suche nach einer Landwirtschaftsform, die ganzheitlich ist und bei der die Erde „gesund" bleiben darf. Damit verbunden ist der Wunsch nach gesunder Nahrung ebenso wie das gezielte Einkaufen, um diese Art der Landwirtschaft zu unterstützen. Manche kommen mit den Kindern auf die Höfe, damit sie sehen können wie etwas wächst und wo die Milch herkommt. Wieder andere wollen konkret mitarbeiten, mitgestalten und auch Mitverantwortung übernehmen. Das geht bis hin zur Abstimmung von Investitionsnotwendigkeiten oder der Beteiligung von KundInnen an Einzelprojekten wie einer Windrath-GBR. Auch so etwas wie „Natursehnsucht" ist von hoher Bedeutung. Nach eigenen Wurzeln, nach Verbindungen zur Natur und einer mit ihr arbeitenden Landwirtschaft. Wichtig ist auch, so erzählt Winnie Winter, zu erkennen, welche Naturgrundlage man vor sich hat: „Wenn man wirklich Regionalität meint, dann muss man die Beschränkungen durch den Jahreskreislauf akzeptieren und transportieren können". Dazu ist es wichtig, eine persönliche Verbindung etwa zu den Bioläden und der Hofkundschaft zu haben.

Über die Produkte und deren Vermarktung hinausgehend sind die Kulturlandschaften ein zentraler Aspekt. Es gibt eine Verbindung zwischen Kultur, Agrikultur und Kulturlandschaften. Jede landwirtschaftliche Maßnahme verändert die Landschaft, bis hin zu den dort lebenden Tieren. Für die Höfegemeinschaft ist daher eine Aufgabe, die ins Bergische passende uralte Kulturlandschaft aus der zweiten Rodungsperiode zu erhalten. Beispielsweise werden Wasserläufe als sumpfiges Gebiet belassen. Wichtig ist die Wahrnehmung davon, was man als Natur vorfindet und kultiviert. Es geht sowohl um die Pflege des Bestehenden als auch um Maßnahmen, die weiterführen.

In der Landwirtschaft, so wurde oben schon dargelegt, sind Produktion und Reproduktion aufeinander bezogen. Dies äußert sich auch in der Hauswirtschaft. Ein besonderes Merkmal der Höfegemeinschaft Windrather Tal ist, dass die sonst zumeist unsichtbare und wenig wahrgenommene Hauswirtschaft einen eigenen Bereich darstellt. Anlass war, dass viele Menschen auf den Höfen leben, für die gesorgt werden muss. Zudem wird durch Hauswirtschaft der Zeitablauf auf dem Hof strukturiert, es gibt einen Tagesrhythmus mit beispielsweise festen Mahl-Zeiten. Ebenso wie in der Landwirtschaft gibt es viel pflegende Arbeit und auch solche Arbeit, die immer wiederholt werden muss. Der Unterschied liegt darin, dass in bzw. mit der Landwirtschaft Geld verdient wird, die Arbeit im Haus hingegen für andere Menschen und für sich selbst geschieht.

Die Bedeutung der Hauswirtschaft, so erzählt Dorothee Glashoff, wird bei weitem unterschätzt. Sie ist auch außerhalb der Landwirtschaft wichtig: „Überall in den Einrichtungen wird viel zu wenig Wert darauf gelegt, wer die Küche leitet. Ziele der Einrichtung werden hier dann oft gar nicht mitgetragen, weil keine inneren Ambitionen da sind. Die Person, die in der Küche verantwortlich ist, prägt sehr viel. Und das führt immer wieder zu Konflikten. Dies haben viele von der jeweiligen Leitung der Einrichtung noch nicht begriffen. Wenn die Hauswirtschaft in den Privathaushalten einen höheren Stellenwert hätte, wie auch die pflegende und versorgende Arbeit allgemein, dann könnte das letztlich enorme Kosten sparen."

Dorothee Glashoff sieht Hauswirtschaft als etwas Politisches und Zukünftiges an, nicht als Privatsache. Es gilt, wieder anzuerkennen, dass Hauswirtschaft die Grundlage für andere Wirtschaftsbereiche darstellt, ebenso wie Boden und Kulturlandschaften, mit der Landwirtschaft gestaltet und erhalten werden.

Die gesellschaftliche Aufgabe von Landwirtschaft wird auch von Horst Möhring betont, der in der zu Brandenburg gehörenden Prignitz seit vielen Jahren an der regionalen Einbettung und Vernetzung von Landwirtschaft arbeitet. Er erzählt: „Unsere Aufgabe liegt – so meine ich – darin, dass wir gemeinsam in unserer industrialisierten Gesellschaft den Menschen die Möglichkeit geben, durch Schaffung der Rahmenbedingungen den Weg der nachhaltigen ökologischen Landnutzung zu finden und ihn auch würdig zu leben. Ihn als einen Ausgangspunkt für neue Entwicklungen zu sehen, wo soziale Gestaltungen geschaffen werden können, wo Arbeit nicht nur des Geldes wegen durchgeführt wird, sondern ihren tieferen Sinn hat."

Die grundlegende Frage ist für Horst Möhring der landwirtschaftliche Umgang mit Natur. Damit sie im Einklang mit Natur wirtschaften kann, bedarf es völlig anderer agrarpolitischer Rahmenbedingungen. Und auf jeden Fall bedarf es keiner bürokratischen Nutzungskonzepte, deren akribische Einhaltung und Abrechnung eine unflexible Grundlage darstellt. Ländliche Räume, so meint er, können nur als lebende Räume erhalten werden, wenn es gelingt, sowohl gemeinsam am Erhalt der Tier- und Pflanzenwelt zu arbeiten, als auch sozialverträgliche Existenzbedingungen für die mit und von der Natur lebenden Menschen zu schaffen.

Davon ist die Landwirtschaft heute weit entfernt. Sie befindet sich auf einem weltweiten, fast freien Markt. Gäbe es nicht europäische und nationale Begrenzungen, so könnte unter mitteleuropäischen Verhältnissen niemand mehr Bauer sein. Die ganze Philosophie, dass Bäuerinnen und Bauern das Land ernähren und eine Säule der Gesellschaft darstellen, stimmt nicht mehr – wenn Neuseeland dies zum gleichen Preis oder gar billiger kann. Heute sind Bäuerinnen und Bauern für den Erhalt der Kulturlandschaft wichtig, aber nicht mehr wegen der Ernährung. Dies könnten sie gar nicht, wenn der Ernährungsanteil im Haushaltsbudget unter fünfzehn Prozent liegt. Ökologie wirklich ernst zu nehmen hieße, dass Landwirtschaft regional sein muss und Bäuerinnen und Bauern wieder andere Funktionen bekommen. Landwirtschaft ist immer eingebettet in ein Netzwerk, in den ländlichen Raum in seiner Gesamtheit. Landwirtschaft ist Bestandteil der Lebensgemeinschaft Dorf, sie enthält Landschaftspflege und Naturschutz. Sie ist Teil der Entwicklung des gesamten ländlichen Raumes bis hin zum Kulturdenkmal. Sie hat ökologische, ökonomische, kulturelle, soziale und politische Elemente. Das Dorf braucht als Lebensgemeinschaft eine Grundeinheit, eine Funktion: „Wenn nur noch einer Bauer ist – und alle anderen arbeiten in Hamburg, dann haben wir das Lebendige in der Region nicht."

Hiermit ist vieles angesprochen. Nicht „nur" Konsum, sondern auch Produktion, Reproduktion, Arbeit und das gesellschaftliche Naturverhältnis, das für nachhaltigen Konsum und für nachhaltige Entwicklung zentral ist.

Ich will all dies nicht vertiefen, sondern mich am Ende des Vortrages ausblickend auf das zuwenden, worum es in der Institution und Lebenswelt „Universität" zentral geht: die Wissenschaft. Dabei geht es mir nicht darum, ob oder wie sich Wissenschaft mit Nachhaltigkeit befasst – welche Forschungsthemen und Fragen zentral wären. Sondern ich möchte auf eine Eigenschaft von Wissenschaft hinweisen, die sich mit Nachhaltigkeit nicht gut verträgt: Wissenschaft hört nicht zu. Oft ist sie belehrend, aber unbelehrbar.

Die von der Alltagswirklichkeit unbelehrbare Wissenschaft ist von Klaus Holzkamp eindrucksvoll beschrieben worden. In seiner Habilitationsschrift „Wissenschaft als Handlung. Versuch einer neuen Grundlegung der Wissenschaftslehre" (Berlin 1968) heißt es: „Die zentrale Aufgabe der Wissenschaft ist nicht – wie man vom sensualistisch-induktionistischen Standort aus meinen möchte – sich passiv von der Natur beeindrucken zu lassen und ihr rezeptiv ihre ‚Wahrheiten' abzulauschen, sondern sie besteht darin, die Natur durch Realisation in produktives Tun soweit durchzuordnen und/oder umzugestalten, dass sie mit unseren theoretischen Ideen in Übereinstimmung steht (...) Wissenschaft gewinnt in dem Maße an Macht und Bedeutsamkeit, als es ihr gelungen ist, sich eine Welt zu schaffen, auf die sich ihre Aussagen eindeutig beziehen lassen" (ebd., S. 240). Hinzugefügt werden muss, dass der kritische Psychologe Klaus Holzkamp an diesem Punkt ganz unkritisch ist. Er meint also tatsächlich, was er zur Verfasstheit moderner Wissenschaft sagt.

Wenn Nachhaltigkeit kein Regelwerk sein soll, wenn sie nicht als zu Verordnendes oder gar Aufzuherrschendes verstanden wird, so bedarf es einer anderen, offenen, zuhörenden Wissenschaft. Keiner instrumentellen, sondern einer mitfühlenden Vernunft, einer substantiellen Rationalität, die von der Lebenswelt ausgeht, den Stimmen dort zuhört und sich von lebensweltlichem Wissen belehren lässt.

Dies gilt auch für die Konsumforschung. Über Konsumentinnen und Konsumenten ist viel geforscht worden und wird viel geforscht. Zunächst konventionell im Rahmen der Marktforschung und aus Gründen der Absatzmöglichkeiten industriell erzeugter Produkte. Dann zunehmend auch in Verbindung mit dem „Umweltproblem". Ökologische Konsumforschung ist dadurch gekennzeichnet, dass sie mit Vorliebe auf das Individuelle schaut. So wurde auch hier etwa die berühmte Diskrepanz zwischen Geist und Leib – „der Geist ist willig, doch das Fleisch ist schwach" – in der Diskrepanz zwischen Umweltbewusstsein und Umweltverhalten gefunden. Oder es wurde festgestellt: Menschen beruhigen ihr „Umweltgewissen" damit, dass sie sich in einem Bereich vorbildlich verhalten, um im anderen Freiräume zu haben: Sich Sonnenkollektoren auf das Dach setzen und viel Auto fahren. Allerdings würde dies die Gesamt-Bilanz nicht verbessern.

Diese Erkenntnisse sind nicht falsch. Sie verdecken jedoch etwas. Erstens: In welchem politischen und ökonomischen, sozialen und kulturellen Bedingungsgefüge verhalten sich denn Konsumentinnen und Konsumenten? Hat sie schon einmal jemand gefragt, welche Infrastruktur, welche Politik, welche Wirtschaft, welcherart Sozialität und Kultur sie für ein ökologisches Verhalten eigentlich wollen und brauchen?

Und zweitens – Verbraucherinnen und Verbraucher werden massenweise mit Verhaltensappellen, Mahnungen und guten Ratschlägen eingedeckt. Das geht von ausführlichen Katalogen in ökologischen Einkaufs- und Haushaltsplanern bis hin zu einzelnen Ratschlägen wie dem, die Topfgröße doch auf den Umfang der Herdplatte abzustimmen. Nicht, dass Information und Informieren nicht wichtig wären. Inwieweit aber hat Forschung, hat Wissenschaft sich von Konsumentinnen und Konsumenten informieren lassen und als Expertinnen und Experten ihrer selbst und ihrer Lebenswelt begriffen und von ihnen gelernt?

## Literatur

Holzkamp, K. (1968): Wissenschaft als Handlung. Versuch einer neuen Grundlegung der Wissenschaftslehre. Habilitationsschrift. Berlin

Rainer Grießhammer
# Gut leben mit nachhaltigem Konsum

Kein Zweifel: trotz hohem Umweltbewusstsein sind die westlichen Industriegesellschaften von einem nachhaltigen Konsum und der im Grundsatz 8 der Rio-Charta geforderten Veränderung nicht nachhaltiger Verbrauchs- bzw. Konsumstrukturen noch Lichtjahre entfernt. Diese Erkenntnis ist weder neu noch überraschend. Aus den Ergebnissen der ökologischen Konsum- und Marktforschung der letzten Jahre und einer Analyse der bundesdeutschen Stoffströme und der Marktsituation können aber Schlussfolgerungen für neue Wege zu einem nachhaltigen Konsum gezogen werden.

## Die konsumbezogenen Stoffströme steigen

Demographische Verschiebungen und das Kauf- und Gebrauchsverhalten der Verbraucher führen bei den durch Produkt-Konsum verursachten Umweltbelastungen und Stoffströmen zu vier Entwicklungen, die den ökologischen Erfolg der letzten zwanzig Jahre bei technisch-ökologischen Optimierungen von Produkten ganz oder teilweise kompensieren oder gar konterkarieren. Die nachstehend aufgeführten Entwicklungen sind für Deutschland und andere OECD-Länder typisch (OECD Conference Proceedings 1997; OECD 1998; Noorman/Uiterkamp 1998).

Bei bestehenden Produktgruppen werden *mehr Produkte pro Kopf* gebraucht oder verbraucht als in den vergangenen Jahren (z.B. steigende Anzahl von PKW, Haushaltsgeräten etc. pro Kopf der Bevölkerung). Gründe hierfür sind steigende Ansprüche oder Veränderung der Lebensbedingungen wie etwa die Zunahme der Ein- und Zwei-Personen-Haushalte.

- Die *Nutzen- bzw. Funktionsansprüche an bestehende Produkte steigen*. Beispielsweise werden PKW trotz abnehmender Besetzung größer und schneller gebaut und gefahren, sie werden mit neuen Sicherheitsreserven (ABS, Airbag etc.) ausgerüstet und sind mit Klimaanlagen, Stereoanlage sowie zunehmend Autotelefon und Global Positioning System wesentlich komfortabler. Zu dem eigentlichen Nutzen kommen Zusatznutzen (symbolische Nutzen, Prestige, Convenience u. a.).
- Es werden *viele neue Produkte (mit neuem Nutzen) konsumiert* (wie etwa Produkte der Konsum- und Informationselektronik), ohne dass bestehende Produkte substituiert werden.
- Bei vielen Produkten spielt mittlerweile das Umweltverhalten der *Verbraucher beim Gebrauch die entscheidende Rolle*. Die hohe Relevanz und die Möglichkeiten von umweltbewusstem Gebrauch von Produkten sind den Verbrauchern nur ungenügend bekannt.

Für die oben genannten Entwicklungen können neben den gesellschaftlich bedingten demographische Verschiebungen drei Gründe angeführt werden: ungünstige gesellschaftliche Rahmenbedingungen, zweitens die deutliche Diskrepanz zwischen Umweltbewusstsein, Verbraucherverhalten und Kaufverhalten sowie drittens das Nischendasein von ökologischen Produkten im Markt.

## Gesellschaftliche Rahmenbedingungen erschweren einen nachhaltigen Konsum

Nach wie vor behindern die gesellschaftlichen Rahmenbedingungen einen nachhaltigen Konsum. Wesentliche Hemmnisse sind die unzureichende Internalisierung externer Kosten („Die Preise sagen nicht die ökologische Wahrheit") und ungünstige Verkehrsinfrastrukturen. Darüber hinaus gibt es eine Vielzahl gesetzlich, steuerlich und organisatorisch bedingter Hemmnisse wie etwa die den Autoverkehr begünstigende Kilometerpauschale, indirekte Einflussmöglichkeiten wie im Mietwohnungsbereich u. v. a. m.

## Nachhaltiger Konsum erfordert die Berücksichtigung aller Verbraucher-Motive

Zum Umweltbewusstsein und zum Verbraucherverhalten sowie zum ökologischen und nachhaltigen Konsum liegen mittlerweile eine Vielzahl von Untersuchungen vor. Es besteht eine deutliche Diskrepanz zwischen Umweltbewusstsein und tatsächlichem (Kauf-)Verhalten. Zirka 90 Prozent der deutschen Bevölkerung stufen sich als umweltbewusst ein, jedoch besteht nur eine geringe direkte Korrelation zwischen Umweltbewusstsein und Umwelthandeln (Bodenstein/Spiller 1996). Die Verbraucher berücksichtigen im Alltagshandeln eben nicht nur ökologische Aspekte, sondern auch ökonomische und soziale Aspekte. *Soziale* Aspekte und entsprechende Motivationskonflikte haben einen sehr großen Einfluss auf Kaufentscheidungen. Beispiele sind Zeitersparnis, Bequemlichkeit, Abwechslung/Erlebnisse haben, Prestigebedürfnisse, Sicherheit, Einbindung in der Gruppe, aber auch die mangelnde Akzeptanz von Eigenverantwortung und Trittbrettfahrertum (Allmende-Dilemma). *Finanzielle* Aspekte – und hier im wesentlichen die Endverbraucherpreise – spielen dagegen eine große, aber nicht unbedingt entscheidende Rolle. Bei vielen Kaufentscheidungen werden Preisunterschiede – auch innerhalb von konventionellen Produkten – im Vergleich zu höherem Zeitaufwand beim Einkauf oder im Vergleich zum Markenimage wenig berücksichtigt. Schon konventionelle Waschmittel mit vergleichbarer Waschleistung differieren beispielsweise im Preis bis zum Faktor 3. Viele stromverbrauchsarme Geräte sind beispielsweise unter Einbezug der Kosten in der Gebrauchsphase insgesamt billiger als solche mit höherem Stromverbrauch und geringfügig niedrigeren Anschaffungskosten und haben sich dennoch nicht breit durchsetzen können. Bei einem nachhaltigen Konsum haben ökologisch kaufende und handelnde Haushalte bereits bei den heute verfügbaren Produkten insgesamt erhebliche Kostenvorteile – wie überschlägige Kalkulationen zeigen (Grießhammer 1999). Die Entscheidung über Kauf und Gebrauch der Produkte fällt als Abwägung bzw. integriert ökologisch-ökonomisch-soziale Entscheidung – schon dies mag die Diskrepanz zwischen ökologischen Befragungen und dem (Kauf-)Verhalten erklären.

Allerdings deuten neuere Ergebnisse darauf hin, dass differenzierte Analysen, die die einzelnen Präferenzen und Rahmenbedingungen einzelner Lebensstil-Gruppen bzw. der „Patchwork-Verbraucher" erfassen, eher zur gegenteiligen Aussage kommen können – dass eben das Bewusstsein einer bestimmten Lebensstilgruppe sehr wohl mit dem entsprechenden Verhalten genau dieser Lebensstilgruppe übereinstimmt. Falsch wäre es dagegen, aus undifferenzierten Befragungen über alle Lebensstilgruppen hinweg pauschale Schlüsse zu ziehen. Letztlich kann man aber aus beiden Ansätzen die Lehre ziehen, dass Umweltbewusstsein und -verhalten am ehesten dann zur Deckung kommen oder zu bringen sind, wenn die spezifischen Interessen und Handlungsmöglichkeiten einer Lebensstilgruppe oder eines „Patchwork-Verbrauchers" kontextspezifisch berücksichtigt werden. Die Wahl der Verbraucher fällt am ehesten dann auf ökologische Produkte oder Dienstleistungen, wenn damit nicht nur ökologische Verbesserungen, sondern auch ökonomische und/oder soziale Motive für die Verbraucher verbunden sind. Für einen nachhaltigen Konsum sind vor allem solche *Motivallianzen* zu identifizieren und zu gewährleisten.[7]

## Ökologische Produkte sind keine Massenprodukte geworden

Stark vereinfacht hat die Verbreitung des Umweltschutzes in der Bundesrepublik Deutschland und in vergleichbaren Ländern in den letzten zwei Jahrzehnten zu einer zweigleisigen Entwicklung im Hinblick auf die Ökologisierung des Massenmarktes und auf die Entstehung von Marktnischen geführt (Wüstenhagen 1998):
- Einerseits zum Entstehen ökologisch engagierter, kleiner und kleinster Unternehmen, die sich freilich nur behaupten konnten, wenn sie die ökonomischen Prinzipien des Marktes berücksichtigten.

---

7   Chris Holmes vom Waschmittelkonzern „Procter & Gamble" charakterisierte den typischen Konsumenten wie folgt: Der allgemeine Wunsch heißt „Improved life for me & everyone else", die Reihenfolge der Wünsche ist: (1) Great performance and value; (2) Safety – to self, to workers, to the environment; (3) legality; (4) less waste/less ressources; (5) concerns met.

- Andererseits zu einer Teil-Ökologisierung[8] des Massenmarktes bzw. von Großunternehmen, aber auch von kleinen und mittleren Unternehmen, die zu einer durchgängigen, aber beschränkten Umweltverbesserung bei Produktion und Produkten führte, durchsetzt mit einigen ökologischen Vorreiterunternehmen und isolierten Öko-Produkten bei ansonsten traditionellen Produkt-Portfolios.

Eine Ökologisierung der Massenprodukte bzw. breite Vermarktung konnte nur in wenigen Fällen erreicht werden (zum Beispiel bei Umweltschutzpapier). Interessanterweise gibt es allerdings eine Reihe von ökologisch deutlich verbesserten, technisch hochwertigen und preislich vergleichbaren oder sogar billigeren Produkten, die aber nur geringe Marktanteile erreichen konnten (z. B. Energiesparlampen, stromverbrauchsarme Haushaltsgeräte, PKW mit niedrigem Verbrauch wie etwa der Opel Corsa oder der Lupo). Hier besteht ein erheblicher „Nachholbedarf" bei der Vermarktung – ein deutlicher Hinweis, dass nachhaltige Vermarktungs-Innovationen gegenüber der Produktentwicklung ein deutlich hohes Gewicht bekommen haben bzw. bekommen müssen.

### Konsumkritik vernachlässigt

Für die bisher wenig ermutigende Entwicklung im Bereich des Nachhaltigen Konsums können drei gewichtige Gründe hervorgehoben werden: die Vernachlässigung der „Konsumkritik", mangelnder Einbezug von Verbraucherinteressen und falsche Schwerpunktsetzungen. Die in den 1970er Jahren auch in der breiten Öffentlichkeit geführten Diskussionen zur „Konsumgesellschaft" und zu qualitativem Kon-

---

8 Teilökologisierung soll heißen, dass eine Reihe ökologischer Anforderungen mittlerweile als Standard zu betrachten ist, entweder weil die Anforderungen gesetzlich vorgeschrieben sind, weil es nach dem Selbstverständnis des Unternehmen und seiner Mitarbeiter state of the art ist, oder weil man sonst auf dem Markt abgestraft werden würde (z. B. bei phosphathaltigen Waschmitteln). Im Textilbereich könnte man beispielsweise die Anforderung von Öko-Tex 100 als solchen Standard bezeichnen.

sum wurden in den 1980er und 1990er Jahren nur bedingt weitergeführt. Einerseits wurde befürchtet, dass der Hinweis auf notwendige Konsumänderungen die Verbraucher von berechtigten Forderungen an die Industrie ablenken würde. Andererseits bestanden falsche Hoffnungen dahingehend, dass man nur umweltfreundliche Produkte oder Naturstoffe oder Sanfte Chemie verwenden bzw. einsetzen müsse, ohne das Konsumverhalten zu ändern.

Eine Problematisierung von „zu hohem" oder „falschem" Konsum ist nach wie vor erforderlich, wobei sowohl vor platter Konsumkritik wie auch vor dogmatischen Urteilen zu richtigem und falschen Konsum gewarnt werden muss.

## Der Kunde ist König

Die alte Marketing-Weisheit, dass der Kunde König ist, wurde gerade bei Vorschlägen zu umweltgerechtem oder nachhaltigem Konsum oft sträflich vernachlässigt. Weder die Interessen und Motive der Verbraucher (siehe oben) noch Unterschiede zwischen verschiedenen Verbrauchergruppen wurden ausreichend berücksichtigt.

Ausgehend von wenigen Lebensstil-Typen noch in den siebziger Jahren hat sich heute die Gesellschaft in vielfältige Untergruppierungen bzw. Lebensstilgruppen aufgespalten. Hinsichtlich des ökologischen Konsums kann man von „ökologisch-ambivalenten Patchwork-Lebensstilen" sprechen (Bodenstein et al. 1997; Bodenstein/Spiller 1996). Gemeint ist damit, dass der Verbraucher immer weniger konsistente Verhaltens- und Einstellungsmuster aufweist, und sich stattdessen von allen (umweltweltfreundlichen oder nicht umweltfreundlichen) Einstellungs- und Handlungsoptionen das für ihn beste „Paket" zusammenstellt. Die herkömmlichen Dimensionen von Klasse (Stellung zu den Produktionsmitteln) oder Schicht (Einkommen, Schulbildung, Berufsprestige) reichen nicht mehr aus, um die beobachtbaren Sozialverhältnisse wiederzugeben. Die Dimensionen von Klasse und Schicht werden durch das Lebensstilkonzept um wichtige subjektive Aspekte wie Alltagsorientierungen, Werte, Einstellungen und Konsumverhalten ergänzt. Lebensstile drücken somit nicht nur soziale Ungleichheit aus, sondern immer auch subjektive Lebensorientierungen und die Zugehörigkeit zu einer Gruppe bzw. Abgrenzung zu anderen. Die sozialwissenschaftliche Lebensstilforschung liefert einen wichtigen Beitrag für eine ökologische Konsumforschung (siehe hierzu Reusswig 1993; Schultz/Weller 1996; Gillwald 1996). Vor allem zwei Schlussfolgerungen aus den Ergebnissen der Lebensstilforschung sind beim nachhaltigen Konsum von Bedeutung.

- Erstens: in der Umweltbewegung wird häufig von der Unverträglichkeit „unseres" Lebensstils bzw. von der Notwendigkeit einer Veränderung hin zu einem nachhaltigen Lebensstil gesprochen. Die Lebensstilforschung zeigt, dass es „unseren" Lebensstil im Singular nicht gibt, sondern dass es in der Gesellschaft eine *Pluralität* von Lebensstilen gibt. Dieser Pluralität muss man Rechnung tragen, wenn man auf eine Veränderung der Lebensstile in Richtung Nachhaltigkeit hinwirken will.[9]
- Zweitens: bei Lebensstilen „geht es niemals nur um Produkte, sondern es geht immer auch um Identität" (Reusswig 1993, S. 8). Lebensstile betreffen die soziale und psychische Identität von Menschen; sie symbolisieren und verkörpern immer auch die Zugehörigkeit zu einer Gruppe. Die identitätsstiftende Funktion von Lebensstilen erklärt, warum ausschließlich kognitiv orientierte Strategien der Konsumaufklärung oft zu kurz greifen. Bei Konsumfragen sind immer auch Gefühle und Momente der Identität mit im Spiel. Dies erklärt auch, warum Strategien, die auf eine Änderung des *gesamten* Lebensstils einer Person zielen, meist von vornherein zum Scheitern verurteilt sind.

Sind verschiedene Konsumstile und die sozialen Gruppen, die sie vertreten, bekannt, können erfolgreichere Strategien zur Veränderung des

---

9  Die Produktwerbung hat darauf beispielsweise mit dem Konzept der fragmentierten Werbung reagiert.

Konsumverhaltens *innerhalb* der unterschiedlichen Lebensstile entwikkelt werden (Schultz/Weller 1996).

## Strategische Konsumentscheidungen

Viele Multiplikatoren und Aktionen zum ökologischen Konsumverhalten fokussieren auf zwar richtige, aber für die gesamten Stoffströme und Umweltbelastungen weniger bedeutsame Maßnahmen (z. B. ökologischere Reinigungsmittel; kein Papier wegwerfen etc.). Dies kann doppelt negative Rückwirkungen haben: einerseits werden die „großen" Stoffströme nicht entscheidend reduziert, andererseits kann bei den aktiven Verbrauchern eine tiefgehende Enttäuschung entstehen, die von weiterem ökologischen Verhalten abhält. Bodenstein et al. haben stattdessen zeigen können, dass es einige wenige strategische Konsumentscheidungen (Bodenstein et al. 1997) gibt, auf die sich Verbraucher konzentrieren sollten. In einer orientierenden Stoffstromanalyse hat das Öko-Institut zeigen können, dass etwa zwei Drittel der bundesdeutschen Stoffströme in nur zehn Produktfeldern verursacht werden (Möller/Grießhammer 1999).

Die Tabelle 1 gibt einen Überblick über die in dieser Studie erfassten Bedürfnisfelder, Produktfelder sowie die im einzelnen bilanzierten Produkte und Dienstleistungen und dokumentiert auch die grundlegenden Annahmen zur Bilanzierung (spezifische Verbrauchsmengen, Pro-Kopf-Bedarf, Sättigungsgrad der Haushalte, Lebensdauer der Produkte etc.).

*Tabelle 1:* *Überblick über die bilanzierten Bedürfnisfelder, Produktfelder und Dienstleistungen (Betrachtungszeitraum: ein Jahr Nutzung, Produktionsaufwand wurde anteilig über die Produktlebenszeit umgelegt)*

| Bedürfnisfeld | Produktfeld/ Dienstleistung | Annahmen zur Bilanzierung |
|---|---|---|
| **Wohnen** | **Haus/Wohnung inklusive Haus-Infra-Struktur** | **Herstellung von Haus bzw. Wohnung**: Bilanzierung des jährlichen Zubaus (Gesamtwert für Deutschland: 500.000 Wohneinheiten) |
| | | **Raumheizung**: 1849 PJ/a (Gesamtwert für Deutschland) gemäß Mix der Energieträger<br>**Beleuchtung**: 8,6 Mrd. kWh/h elektrischer Strom (Gesamtwert für Deutschland)<br>**Bereitstellung Warmwasser**: 247 PJ/a (Gesamtwert für Deutschland) gemäß Mix der Energieträger<br>**Bereitstellung Kaltwasser:** (u.a. für Körperpflege und Hausputz): 61 l/ Einwohner und Tag<br>**Abwasserbehandlung:** (u.a. für Körperpflege und Hausputz): 61 l/Einwohner und Tag |
| **Mobilität** | **PKW Urlaubsreise** | **Herstellung PKW**: Bilanzierung eines VW Passats<br>**Gebrauch PKW**: 12700 km Fahrleistung/ Pkw<br>**Gebrauch Flugzeuge**: Urlaubsreise 4000 km |
| **Bekleidung** | **Textilien** | **Herstellung Kleidungs-Textilien**: 13 kg/ Einwohner und Jahr |
| | **Waschmaschine, Waschmittel,** Wäschetrockner | **Herstellung Waschmaschine**: Sättigung 94 %, Lebensdauer 11 Jahre<br>**Herstellung Wäschetrockner**: Sättigung 34 %, Lebensdauer 15 Jahre<br>**Herstellung Waschmittel**: 7,7 kg/Einwohner und Jahr<br>**Gebrauch Waschmaschine**: 160 kWh/Gerät und Jahr<br>**Gebrauch Wäschetrockner**: 305 kWh/Gerät und Jahr<br>**Bereitstellung Kaltwasser** (zu Waschzwecken): 18 l /Einwohner und Tag<br>**Abwasserbehandlung**: 18 l/Einwohner und Tag |

*Forts. Tab. 1:*

| Bedürfnisfeld | Produktfeld/ Dienstleistung | Annahmen zur Bilanzierung |
|---|---|---|
| Ernährung | Lebensmittel | **Herstellung Lebensmittel:** 1023 kg/Einwohner und Jahr **Herstellung Lebensmittelverpackung:** 7 % des Lebensmittelgewichts **Bereitstellung Kaltwasser** (für Toilettenbenutzung): 45 l /Einwohner und Tag **Abwasserbehandlung:** 45 l/Einwohner und Tag |
| | Kühl- und Gefriergeräte | **Herstellung Kühlschrank:** Sättigung 118 %, Lebensdauer 13 Jahre **Herstellung Gefrierschrank:** Sättigung 95 %, Lebensdauer 13 Jahre **Gebrauch Kühlschrank:** 441 kWh/Gerät und Jahr **Gebrauch Gefrierschrank:** 389 kWh/Gerät und Jahr |
| | Herd/Mikrowelle | **Herstellung Elektroherd:** Sättigung 68 %, Lebensdauer 13 Jahre **Herstellung Gasherd:** Sättigung 24 %, Lebensdauer 13 Jahre **Herstellung Mikrowelle:** Sättigung 55 %, Lebensdauer 13 Jahre **Gebrauch Elektroherd:** 441 kWh/Gerät und Jahr (elektrischer Strom) **Gebrauch Gasherd:** 599 kWh/Gerät und Jahr (Gas) **Gebrauch Mikrowelle:** 35 kWh/Gerät und Jahr |
| | Geschirrspüler | **Herstellung Geschirrspülmaschine:** Sättigung 44 % **Herstellung Spülmittel:** 2 kg/Einwohner und Jahr **Gebrauch Geschirrspülmaschine:** 235 kWh/Gerät und Jahr **Bereitstellung Kaltwasser** (zum Spülen): 8 l/Einwohner und Tag **Abwasserbehandlung:** 8 l/Einwohner und Tag |
| Information, Kommunikation und Unterhal- | PC und Peripheriegeräte Papier | **Herstellung PC:** Sättigung 48%, Lebensdauer 4 Jahre **Herstellung Drucker und Modem:** Sättigung 48%, Lebensdauer 4 Jahre **Herstellung Papier** (Bücher, Zeitschriften, Zeitungen, etc.): 194 kg / Einwohner und Jahr |

*Forts. Tab. 1:*

|  |  |
|---|---|
|  | **Gebrauch PC**: 100 kWh/Gerät und Jahr<br>**Gebrauch Drucker und Modem**: 100 kWh/ Gerätekombination und Jahr |
| **Unterhaltungs-elektronikgeräte** | **Herstellung Fernseher**: Sättigung 121 %, Lebensdauer 10 Jahre<br>**Herstellung Videorecorder**: Sättigung 56%, Lebensdauer 10 Jahre<br>**Herstellung Satellitenreceiver**: Sättigung 26%, Lebensdauer 10 Jahre<br>**Herstellung HiFi-Anlage**: Sättigung 65%, Lebensdauer 10 Jahre<br>**Gebrauch Fernseher**: 252 kWh/Gerät und Jahr<br>**Gebrauch Videorecorder**: 135 kWh/Gerät und Jahr<br>**Gebrauch Satellitenreceiver**: 99 kWh/Gerät und Jahr<br>**Gebrauch HiFi-Anlage**: 105 kWh/Gerät und Jahr |

## Schlussfolgerungen zum Nachhaltigen Konsum

Aus den oben dargestellten Entwicklungen können folgende Schlussfolgerungen gezogen werden:
- Die Änderung ungünstiger staatlicher Rahmenbedingungen (siehe oben) steht nach wie vor auf der Tagesordnung.
- Eine Schwerpunktsetzung auf relevante Stoffströme ist sowohl umweltpolitisch wie auch aus Relevanz- bzw. Effizienzgründen geboten.
- Bei Verbrauchern sollte auch auf Großverbraucher bzw. öffentliche Beschaffer geachtet werden. In manchen Bereichen, z. B. im Baubereich, dominiert die öffentliche Hand den Markt.
- Deutliche ökologische Optimierungspotentiale bestehen grundsätzlich in der Produktentwicklung und Vermarktung von Produkten, die für die Gebrauchsphase ökologisch optimiert sind sowie für schlanke Produkte mit der Fokussierung auf den Kernnutzen, soweit diese jeweils auch innovativ vermarktet werden können.

- Am Markt finden sich bereits einige technisch und ökologisch hochwertige Produkte mit konkurrenzfähigen Preisen, die sich aufgrund verschiedener Hemmnisse bislang nicht durchgesetzt haben. Hier besteht ein erhebliches Potential für innovative Vermarktungskonzepte.
- Erfolgreiche Produktentwicklung und -vermarktung sollte die gesellschaftliche Differenzierung in Lebensstilgruppen und Konsumtypen mit produktspezifischen Konsum- und Nutzungsinteressen und -mustern analysieren und berücksichtigen. Eine erfolgreiche Strategie sollte mit attraktiven Alternativen locken, die auf den Kontext der Nutzer und der Nutzung zugeschnitten sind.
- Beim Handel liegt mittlerweile der Schlüssel für eine erfolgreiche Produktentwicklung und -vermarktung. Daher ist der Einbezug des Handels und sind nachfrageorientierte Konzepte wie etwa Bestellaktionen und Produktkampagnen erforderlich. Ziel muss es sein, eine am Markt relevante Nachfragemacht zu organisieren und im Rahmen von Akteurskooperationen die Entwicklung und den Kauf umweltfreundlicher, schlanker Produkte zu forcieren.
- Das Image von ökologischem Konsum und ökologischen Produkten ist eher schlecht, es muss durch ein Popularisierungskonzept bzw. eine Image-Kampagne zum nachhaltigen Konsum deutlich verbessert werden.

### Die Energiesparlampen-Aktion „Meister Lampe"

An einem Beispiel kann deutlich gemacht werden, wie mit einem durchdachten Konzept und einer Imagekampagne und Berücksichtigung der unterschiedlichen Interessen aller Beteiligten überdeutliche Änderungen (hier beim Einsatz von Energiesparlampen) erreicht werden können.

Das Öko-Institut hat für die Freiburger Energie- und Wasserversorgungswerke (FEW) ein Energiesparprogramm – die Aktion „Meister Lampe" – konzipiert (Roos et al. 1996). Die Aktion verfolgte zwei

Ziele: Zum einen sollte ein möglichst großer Teil des in den Haushalten vorhandenen Energiesparpotentials im Beleuchtungsbereich erschlossen werden, zum anderen sollte der Markt für Energiesparlampen verändert werden, indem der örtliche Handel in die Aktion einbezogen wurde. Zunächst wurde an jeden Haushalt eine Energiesparlampe kostenlos und ein Gutschein für eine weitere beim örtlichen Handel zu beziehende Energiesparlampe abgegeben, zusammen mit einer Broschüre, die die Verbraucher über den optimalen Einsatz und die Vorzüge von Energiesparlampen informierte. Die gesamte Aktion wurde von einer gezielten Informations- und Marketingkampagne und von redaktioneller Berichterstattung begleitet. Der Handel hatte gut bestückte Sortimente parat und konnte detailliert und fachkundig beraten.

Die Aktion wurde durch eine geringe Strompreiserhöhung beim Haushaltsstrom finanziert, wobei die Strompreiserhöhung bei den Haushalten durch die Kosteneinsparung beim Einbau der Energiesparlampen überkompensiert wurde. Die Aktion führte zu einer win-win-Situation für alle Beteiligten und war ein voller Erfolg: Etwa 70 % aller Freiburger Haushalte sind nun mit Energiesparlampen ausgerüstet. Mit dem Programm sparen die Freiburger Haushalte jährlich mehr als vier Millionen Kilowattstunden Strom. Das entspricht einer Verringerung des Kohlendioxidausstoßes um etwa 3000 Tonnen pro Jahr.

## TopTen-Innovationen zum nachhaltigen Konsum

Um größere Bereiche zu erfassen, hat das Öko-Institut im Sommer 2000 das vom BMBF geförderte Projekt „TopTen-Innovationen" begonnen. Ziel des geplanten Projekts ist es, eine deutliche ökologische Verbesserung beim Kauf *und* beim Gebrauch von Produkten in den zehn Produktfeldern herbeizuführen, die etwa zwei Drittel der bundesdeutschen Stoffströme (Energie- und Wasserverbrauch und Emissionen) ausmachen. Dabei sollen die lebensstilspezifischen Bedürfnisse der Verbraucher berücksichtigt werden (soziale Komponente), die Kosten für die Verbraucher gleich bleiben oder sinken (ökonomische

Komponente) und es sollen erhebliche Umweltentlastungen erfolgen, im besonderen im Bereich des Energie- und Stromverbrauchs und der Kohlendioxidemissionen sowie im Bereich der Abfälle (ökologische Komponente). Weiter soll die erfolgreiche Entwicklung und Vermarktung nachhaltiger Produkte von Unternehmen und Handel unterstützt werden (ökonomische Komponente), wobei Produkte weit gefasst werden (technische Produkte, Dienstleistungen, Leasing- und Sharing-Konzepte etc.). Mit einer qualitativen Intensiv-Erhebung werden produktspezifische Konsumtypen, deren Leitbildelemente und Konsummuster sowie die diesbezüglichen Innovationspotentiale und geeigneten Kommunikationsansätze ermittelt und zielgruppenspezifische Strategien für das Nachhaltigkeitsmarketing abgeleitet. Verkürzt ausgedrückt wird mit dem Projekt gezeigt werden, wie man mit nachhaltigem Konsum gut leben kann.

## Literatur

Bodenstein, G./Spiller, A./Elbers, H. (1997): Strategische Konsumentscheidungen: Langfristige Weichenstellungen für Umwelthandeln – Ergebnisse einer empirischen Studie. Diskussionsbeiträge des Fachbereichs Wirtschaftswissenschaften der Gerhard-Mercator-Universität – Gesamthochschule – Duisburg. Nr. 234

Bodenstein, G./Spiller, A. (1996): Entwicklungsstränge der ökologischen Konsumforschung; Forschungsansätze und Diffusionsbarrieren. In: Ökologisches Wirtschaften, H. 3–48, S. 11

Gillwald, K. (1996): Umweltverträgliche Lebensstile – Chancen und Hindernisse. In: Altner, G./Mettler-Meibom, B./Simonis, U.E./ von Weizsäcker, E.U. (Hrsg.): Jahrbuch Ökologie. München

Grießhammer, R. (1999): „Umweltschutz spart Geld". Natur und Kosmos, H. 11. S. 42–43

Möller, M./Grießhammer, R. (1999): TopTen-Innovationen – Eine orientierende Bilanzierung der wichtigsten Stoff- und Energieströme in Deutschland. Freiburg (unveröffentlicht)

Noorman, K./Uiterkamp, T. (Hrsg., 1998): Green Households? Domestic Consumers, Environment and Sustainability. London

OECD Conference Proceedings (1997): „Sustainable Consumption & Production. Clarifying the Concepts". Paris

OECD (1998): „Towards Sustainable Consumption Patterns: A Progress Report on Member Country Initiatives". Paris

Roos, W./Schüle, R./Seifried, D. (1996): Evaluierung der stromwirtschaftlichen Auswirkungen des Energiedienstleitungsprogramms der FEW für die Haushaltskunden 1996 (Meister Lampe). Freiburg

Reusswig, F. (1993): Die Gesellschaft der Lebensstile. Zur modernen Lebensstilforschung und ihrer ökologischen Bedeutung. In: Politische Ökologie Nr. 33

Schultz, I./Weller, I. (1996): Nachhaltige Konsummuster und postmaterielle Lebensstile. Frankfurt a. M.

Wüstenhagen, R. (1998): Greening Goliaths versus Multiplying Davids: Pfade der Coevolution ökologischer Massenmärkte und nachhaltiger Nischen. St. Gallen

Ulrike Schell
# Nachhaltige Nutzungskonzepte
# – am Beispiel der Verbraucher-Zentrale Nordrhein-Westfalen

## Vorbemerkung

Es wird viel über Nachhaltigkeit und Zukunftsfähigkeit diskutiert, und im Rahmen einer solchen Tagung nehme ich gerne die Gelegenheit wahr, aufzuzeigen, welche Beiträge die Umweltberatung für die Erreichung der Agenda-Ziele und damit für die Erreichung einer nachhaltigen Wirtschaftsweise leisten kann. Ich möchte dies zum einen anhand der „Agenda 21" darstellen und zum anderen anhand der Studie „Zukunftsfähiges Deutschland". Ich möchte zeigen, welche Aktionen die Umweltberatung durchführt und mit welchen Umsetzungsmöglichkeiten. Uns ist es nämlich wichtig, dass wir die Verbraucher erreichen und ihnen insbesondere Zusammenhänge aufzeigen zwischen dem, was in internationalen Politik- und Wissenschaftskreisen, Arbeitsgruppen und Zirkeln diskutiert wird. Dort ist oft von Verbrauchern die Rede, und es wird gefordert, dass beim Verbraucher etwas bewirkt und etwas bewusst gemacht werden muss.

Wir möchten Verbrauchern aufzeigen, was im Alltag getan werden muss und getan werden kann. In diesem Zusammenhang hat das Statistische Bundesamt erste Ergebnisse einer umweltökonomischen Gesamtrechnung vorgelegt und kommt zu dem Fazit, dass, während die Industrie beim ökologischen Wirtschaften sehr erfolgreich war im Hinblick auf Ressourcenschonung, Wasser- und Energieeinsparungen, private Haushalte noch einen gewissen Nachholbedarf haben. Diese Ergebnisse sehe ich für uns als Ansporn, die Defizite, die es im Bereich der privaten Haushalte gibt, ein Stück aufzuarbeiten. Kurz gesagt, wir möchten mit unserer Arbeit konkret und praxisnah aufzeigen, was jeder tun kann und tun muss im privaten Bereich, um der Vision von einer Welt näherzukommen, in der auch unsere Nachfahren noch gut und entsprechend ihren Bedürfnissen leben können.

**Agenda 21**

Ich möchte beginnen mit der Agenda 21, dem Aktionsplan für das 21. Jahrhundert, wie er in Rio beim UN-Sondergipfel für Umwelt- und Entwicklung 1992 beschlossen worden ist. Die Agenda 21 hat detaillierte Handlungsaufträge für eine nachhaltige ökologische, ökonomische und soziale Entwicklung im 21. Jahrhundert für alle Politikbereiche formuliert und führt aus, dass sich alle gesellschaftlichen Gruppen an den Entscheidungsfindungen und Umsetzungsprozessen beteiligen sollen: Für effizientere Produktionsprozesse, für umwelt- und sozialverträglichen Konsum, für neue Lebensstile und für neue Formen der Demokratie, Gleichberechtigung und Solidarität untereinander und mit den Ländern der sogenannten Dritten Welt, den Ländern des Südens.

Das *Kapitel 4* der *Agenda 21* heißt: *„Veränderung der Konsumgewohnheiten"*.

Die Ziele, die hier formuliert sind, lauten u.a.:
- Förderung von Verbrauchs- und Produktionsmustern, die zu einer Verringerung von Umweltbelastungen und zur Befriedigung der menschlichen Grundbedürfnisse führen
- Vertiefung des Einblicks in die Rolle des Konsumverhaltens und Klärung der Frage, wie sich nachhaltige Verbrauchsgewohnheiten entwickeln lassen
- Förderung der Effizienz von Produktionsprozessen und Einschränkung des verschwenderischen Gebrauchs unter Berücksichtigung der Entwicklungsbedürfnisse der Entwicklungsländer
- Schaffung von Rahmenbedingungen, die einen Umstieg auf nachhaltigere Produktions- und Verbrauchsgewohnheiten begünstigen

- Bestärkung von Werten, die nachhaltige Produktions- und Verbrauchsgewohnheiten fördern.

Die geforderten Maßnahmen zur Erreichung der o. g. Ziele umfassen:
- die Förderung einer effizienteren Nutzung von Energie und Ressourcen
- Abfallvermeidung
- die Unterstützung von Verbrauchern und Haushalten bei umweltverträglichen Kaufentscheidungen
- den Umstieg auf umweltverträgliche Preisgestaltung
- die Bestärkung von Wertehaltungen, die einen ökologisch vertretbaren Verbrauch begünstigen.

Dies alles sind Ziele und Maßnahmen, bei denen sich eine Verbraucher-Organisation angesprochen fühlen muss. Wir haben in der Verbraucher-Zentrale NRW diese Herausforderung angenommen.

Welche Beiträge kann nun die Umweltberatung für die lokalen Agenda 21-Prozesse leisten?

Ich will hier noch einmal daran erinnern, dass ebenfalls in dem Aktionsprogramm für das 21. Jahrhundert die Kommunen aufgerufen sind, lokale Agenda-Prozesse zu initiieren. Jede Kommunalverwaltung soll in einen Dialog mit ihren Bürgerinnen und Bürgern treten, mit örtlichen Organisationen und der Privatwirtschaft und eine kommunale Agenda beschließen. Es gab auch eine zeitliche Vorstellung, die 1992 formuliert worden war und die nennt die Jahreszahl 1996, in dem diese Aktivitäten spätestens begonnen haben sollten. Es gibt – ich glaube mittlerweile in fast allen Städten – zumindest erste Ansätze für diese Aktivitäten. Es gibt einige Kommunen, die da schon relativ weit sind, aber viele haben sich doch etwas schwer getan.

Welches können nun unsere Beiträge als Verbraucherorganisation sein? Zunächst einmal unsere eigenen Ziele:

Wir wollen Bewusstsein schaffen und motivieren für die Leitidee „Zukunftsfähiger Konsum". Wir haben uns als Verbraucher-Zentrale NRW dieser Leitidee verschrieben, nicht nur für den Umweltbereich, sondern für alle Arbeitsbereiche.

Welches Know-how bringen wir mit? Gerade in unserer Arbeit auf örtlicher Ebene gehören Beratung, Information und Bildung der Verbraucher zu unseren Stärken. Wir führen Mitmach-Aktionen und Projekte durch und haben hier seit zehn Jahren viel Erfahrung gesammelt. Unsere lokale Presse- und Öffentlichkeitsarbeit ist sehr erfolgreich. Wir haben sehr gute Kontakte – auch gerade über unsere Beratungsstellen – zur örtlichen Presse. Damit besteht die Möglichkeit, über die lokalen Medien Ideen, Motivation, Information an alle Bürgerinnen und Bürger der Kommunen, die Zeitung lesen oder Radio hören, zu transportieren. Und last but not least gehört es natürlich zu unseren Aufgaben, die Interessen der Verbraucher bei Politik und Anbietern zu vertreten, auf örtlicher Ebene, aber auch auf Landes- und bundesweiter Ebene.

Was heißt das nun konkret für die Beiträge der Umweltberatung für die lokalen Agenda 21-Prozesse?

Wir können, wir wollen, wir sollten uns mit der „Umweltberatung für Verbraucher" einmischen, einschalten, anbieten bei den lokalen Agenda 21-Aktivitäten, die von den Kommunen ausgehen. Es gibt eine ganze Reihe von Umweltberatungsaktionen, die sich sehr gut in lokale Agenda 21-Aktionsprogramme einfügen lassen. Ich werde dies weiter unten im Zusammenhang mit den Ausführungen zu den Leitbildern der Studie „Zukunftsfähiges Deutschland" detaillierter beschreiben.

Auch im Bereich der Öffentlichkeitsarbeit können wir die Agenda-Ziele unterstützen. Wir möchten dazu beitragen, die Ideen, die in dem Aktionsprogramm formuliert sind, durch Pressearbeit, Informationen für Verbraucher und Multiplikatoren, Aktionen bis hin auch zu Online-Infos zu den Bürgerinnen und Bürgern zu transportieren. Es müssen Diskussionsprozesse geführt werden mit Politik, Anbietern und allen gesellschaftlichen Gruppen. Verbraucherinteressen sollen, ja müssen in diese örtlichen Diskussionsprozesse eingebracht werden. Dies gilt auch für die örtlichen Bildungsprogramme. Auch hier bieten die Umwelt- und die Verbraucherberatung mit den Erfahrungen, die wir haben, mit den Materialien, mit den Aktionsideen vielfältige Möglichkeiten. Und nicht zuletzt kann ich mir sehr gut vorstellen, dass wir uns an lokalen Modellprojekten beteiligen und in diese einbringen können.

## Die Studie „Zukunftsfähiges Deutschland und ihre Leitbilder"

Die Studie „Zukunftsfähiges Deutschland" ist bereits sehr breit diskutiert worden. Wir haben uns in der Verbraucher-Zentrale NRW intensiv mit der Studie auseinandergesetzt. Bei aller Kritik, die Land auf, Land ab, an ihr gehegt worden ist und wird, bietet sie doch eine Vielzahl von Ansatzpunkten, die es wert sind, aufgegriffen zu werden. Es sind acht Leitbilder formuliert worden:
1. Rechtes Maß für Zeit und Raum
2. Eine grüne Marktagenda
3. Von linearen zu zyklischen Produktionsprozessen
4. Gut leben statt viel haben
5. Für eine lernfähige Infrastruktur
6. Stadt als Lebensraum
7. Regeneration von Land und Landwirtschaft
8. Gerechtigkeit und globale Nachbarschaft

Ich möchte im folgenden aufzeigen, welche Beiträge für die Umsetzung dieser Leitbilder die Umweltberatung leisten kann.

Das *Leitbild 1* heißt *„Rechtes Maß für Zeit und Raum"*. Das zentrale Ziel, das in diesem Leitbild formuliert ist, heißt Verkehrsvermeidung. Wir brauchen Entschleunigungsprozesse, und es müssen wieder die Orte, an denen man lebt, stärker in den Mittelpunkt rücken. Wir müssen insgesamt dahin kommen, dass Beschleunigung nicht gleichgesetzt wird mit mehr Lebensqualität.

Unsere Ansätze als Verbraucher-Zentrale zielen ab auf
- Stärkung des Umweltverbundes
- Mitwirkung an der Initiative Verkehrswende NRW
- Interessenvertretung (z. B. in Verkehrsgremien).

Die Umweltberatungsaktionen zeigen sich in unterschiedlichen Facetten, wie „Ohne Auto mobil" oder „Prima Klima: Auto contra Fahrrad". Hier haben wir eine Stadtrallye gemacht oder in verschiedenen Städten durchgeführt, in dem wir z. B. Lokalprominenz, Politiker/innen, Vertreter/innen der Stadtverwaltungen gebeten haben, gegeneinander anzutreten, einer mit dem Auto, einer mit dem Fahrrad. Wir haben die Erfahrung gemacht, dass solche Aktionen, die dann in aller Regel auch sehr gut von der örtlichen Presse begleitet werden, einen doch sehr nachhaltigen Eindruck auch bei den Politikern, bei der Verwaltungsvertretern hinterlassen und diesen gewisse Anstöße geben. Viele haben im Rahmen solcher Aktionen zum ersten Mal etwas ausprobiert, das sie sonst nicht so schnell getan hätten.

Weitere Aktionen, in denen wir auch den Zusammenhang zwischen Verkehr und Verkehrsvermeidung und für mehr Klimaschutz darstellen wollen, haben wir aufgegriffen mit Aktionen wie „Klimafreundlich unterwegs" oder „Autofrei durch unsere Stadt".

Wir realisieren diese Aktionen häufig in Kooperation mit örtlichen Verbänden. Es hat sich für alle Beteiligten als sehr hilfreich erwiesen, die vielfältigen Kontakte und Informationsmöglichkeiten, die die unterschiedlichen Gruppen und Verbände vor Ort haben, möglichst optimal zu nutzen. Nicht zuletzt tragen Kooperationen damit zu Effizienz und Arbeitsersparnis bei.

# Nachhaltige Nutzungskonzepte

Das *zweite Leitbild* heißt *„Eine grüne Marktagenda"*.
Die Ziele, die die Wissenschaftler hier formuliert haben, gelten insbesondere für die Bereiche Energie und Verkehr:
- Abbau umweltschädlich wirkender Subventionen, wie z. B. unbesteuertes Flugbenzin sowie die Steuerbefreiung von Dieselkraftstoff in der Landwirtschaft und für Erdöl in der Industrie
- Ökologische Steuerreform
- Haftungsregelungen für risikoträchtige Aktivitäten, z.B. Atomkraft und Gentechnik
- Ökologie und Ressourceneffizienz in der wirtschaftlichen Produktion

Die Ansätze der Verbraucher-Zentrale setzen auf verschiedenen Ebenen an und werden derzeit vor allem im Bereich Energie realisiert:
- Position zu Ökosteuern
- Kostengerechte Einspeisevergütung
- Rationelle Energienutzung
- Regenerative Energiequellen
- LCP-Roundtable
- Interessenvertretung in den Bereichen Energie und Verkehr

Die Umweltberatungsaktionen finden dementsprechend in Kooperation mit den Energieberatung statt. Neben den 25 Umweltberaterinnen und Umweltberatern sind derzeit auch 15 Energieberaterinnen und Energieberater hauptamtlich in den Beratungsstellen beschäftigt. Im Rahmen der Öffentlichkeitsarbeit und von Aktionen, bei Infoschauen und bei Infoständen gibt es vielfältige Möglichkeiten für eine Kooperation der Umweltberater und der Energieberater.

*„Von linearen zu zyklischen Produktionsprozessen"*, so lautet das *dritte Leitbild*.
Hier werden generell mehr ganzheitliche Denkansätze gefordert für neue Wirtschafts- und Managementformen. Die zentralen Ziele lauten Abfallvermeidung und ökologische Produktpolitik.

Es werden neue Anforderungen an die Produktgestaltung formuliert und neue Designkriterien gefordert: Langlebigkeit, Schadstofffreiheit, Demontierbarkeit, Wiederverwertbarkeit, Funktionalität und Ästhetik. Produkte sollen stärker nach dem Baukastenprinzip hergestellt werden.

Für uns hat die Abfallvermeidung ganz klar die erste Priorität. Wir wollen Beiträge dazu leisten, dass sich die Abfallwirtschaft zu einer nachhaltigen Stoffwirtschaft weiterentwickelt und wir wollen die Ziele – Schadstoffminimierung und Schadstoffentfrachtung, Wieder- und Weiterverwertung von Produkten – auch im Rahmen unserer inhaltlichen und auch in unserer Umsetzungsarbeit in den Informationen und Beratungen für Verbraucherinnen und Verbraucher aufnehmen.

Die Beispiele von Aktionen, die wir hierfür durchgeführt haben, sind nicht vollständig. Denn gerade im Abfallbereich verfügen wir über umfangreiche Aktionserfahrung, nicht zuletzt, da die Abfallberatung vor Ort einen wichtigen Schwerpunkt unserer Arbeit ausmacht. Die Aktion „Spar Dir den Müll" ist sicherlich die bekannteste. Wir haben in 1994 gemeinsam mit den kommunalen Spitzenverbänden und dem BUND NRW die Bürgerinnen und Bürger aufgerufen, Verpackungen zu vermeiden. In rund 150 Städten und Gemeinden wurden diese Aktivitäten unterstützt.

Weitere Aktionen sind
- „Kommen Sie auf den Trichter"
- „Recyclingpapier: Kleine Taten für große Dinge"
- „Teilen – leihen – tauschen", eine Aktion, die auch in Zusammenhang steht mit dem Leitbild 4 „Gut leben statt viel haben"

Wir wollen Verbrauchern damit die Möglichkeiten aufzeigen, die es gibt, Produkte nicht unbedingt neu zu kaufen, sondern zu teilen, zu leihen oder zu tauschen und dass sie diese Möglichkeiten auch vor Ort kennenlernen. Hier leisten die Umweltberaterinnen und Umweltberater erhebliche Recherchearbeit vor Ort.

Es ist uns in diesem Zusammenhang im Übrigen ein wichtiges Anliegen, dass wir nicht nur generell fordern, „Ihr müsst dieses oder jenes tun", sondern dass wir den Verbraucherinnen und Verbrauchern konkrete Hilfestellungen dazu geben, dass sie unsere Empfehlungen im Alltag auch umsetzen können. Dies gilt ebenso für die Aktionen im Bereich Organikverwertung. Hier führen wir Kompostparties und Kompostbörsen durch, verleihen sogar Kompostführrerscheine und realisieren damit einen praktischen Beitrag für den Umweltschutz. In einigen Städten ist es uns darüber hinaus gelungen, Gruppen aus Mehrfamilienhäusern dazu zu motivieren, gemeinschaftlich zu kompostieren. Auch unabhängig davon, dass überall Biotonnen eingeführt werden, halte ich dies für einen Ansatz, den wir weiterverfolgen sollten.

Das *Leitbild 4 „Gut leben statt viel haben"*, ist das Leitbild, das am häufigsten mit Verbraucherarbeit in Zusammenhang gebracht wird. Vier Ziele stehen im Vordergrund:
- Sparsamkeit
- Regionalorientierung
- gemeinsame Nutzung
- Langlebigkeit

Sparsamkeit soll die Achtsamkeit für die Masse an Natur umschreiben, Regionalorientierung ein Leben mit möglichst wenig Transportkilometern, die gemeinsame Nutzung die Gebrauchsintensität erhöhen und die Ressourcenintensität absenken und Langlebigkeit die Nutzungsdauer von Produkten verlängern.

Die Ansätze der Verbraucher-Zentrale zielen ab auf eine
- Förderung der gesellschaftlichen Akzeptanz
- Umsetzung auf Verbraucherebene
- Intensivierung der Zusammenarbeit mit der (Sozial-)Wissenschaft zur Ermittlung von Ansätzen für Verhaltensänderungen
- Lebensstilberatung.

Wir wollen damit versuchen, die gesellschaftliche Akzeptanz dieses Leitbildes und ihrer Ziele auf Verbraucherebene umzusetzen. Dies gilt insbesondere auch für die Zusammenarbeit mit der Wissenschaft und Sozialwissenschaft, wo es darum gehen muss, Ansätze für Verhaltensänderungen bei Verbrauchern herauszukristallisieren.

Eine Lebensstilberatung wird zwar oft gefordert, im eigentlichen Sinne des Wortes gibt es sie aber noch nicht. Wir interpretieren sie als eine Forderung an uns selbst, ein Stückweit vorzuleben, was es heißt „Gut leben statt viel haben". Dies bedeutet in der Tat auch aufzuzeigen, dass das Leitbild mehr und neue Lebensqualität umschreibt und nicht einhergeht mit Einschränkungen und Verlusten an Lebensqualität.

Aktionen, die wir hierzu durchgeführt haben, sind
- „Kurze Wege für Mehrweg – Getränke aus der Region", in der wir versucht haben, den regionalen Aspekt mit den Aspekten Mehrweg, Umwelt und Abfallvermeidung zu verknüpfen;
- „Nutzen statt verbrauchen";
- „Aktion Waschgemeinschaft";
- Aktivitäten zur regionalen Vermarktung von Lebensmitteln in Kooperation mit dem Bereich Ernährung. Hier sehen wir uns gefordert, auch im Zusammenhang mit der Initiative des nordrhein-westfälischen Umweltministeriums, die regionale Vermarktung zu unterstützen.

Das *Leitbild 5* heißt „*Für eine lernfähige Infrastruktur*".
Die Ziele lauten:
- Sichere Energieversorgung mit weniger Kraftwerken,
- Mobil mit weniger Straßen,
- Wohnen mit weniger Umweltverbrauch.

Die Aktivitäten der Verbraucher-Zentrale setzen an in den Bereichen Energie, Mobilität und Wohnen:

# Nachhaltige Nutzungskonzepte 109

- Förderung des EDU-Gedankens, nachgefragte Energiedienstleistung mit möglichst wenig Primärenergieverbrauch zu befriedigen;
- LCP-(Least-Cost-Planning)Roundtable, eine Intitiative des nordrhein-westfälischen Wirtschaftsministeriums unter Mitwirkung der Abteilung Energie der Verbraucher-Zentrale;
- Initiative „Verkehrswende NRW";
- Mobilitätsberatung, mit der wir einen Beitrag leisten wollen zur umweltverträglichen Gestaltung von Mobilität bei gleichzeitiger Sicherstellung aller notwendigen Mobilitätsbedürfnisse;
- Projekt „Wohnen im Alter", in dem wir – genau wie in der allgemeinen Wohnberatung – flexible und angepasste Wohngrundrisse für alte Menschen fordern.

Beispiele für Umweltberatungsaktionen sind die Unterstützung und zum Teil sogar Initiierung von örtlichen Car-Sharing-Initiativen. Dazu zählen auch die Beratungsaktionen über Produkte, verbrauchsarme Geräte, Heizungsanlagen, Dämmstoffe.

*Sechstes Leitbild: „Stadt als Lebensraum".*
Die Ziele heben ab auf eine
- Erhöhung der Lebensqualität in Städten
- Partizipation und Vernetzung in den Städten.

Es wird eine Vision entwickelt von der zukünftigen Stadt als Lebensraum und Organisationsform menschlichen Lebens. Die Stadt der Zukunft soll eine Stadt der kurzen Wege sein.

Die Aktivitäten der Verbraucher-Zentrale setzen an der Einbindung in lokale Agenda-Prozesse an sowie im Rahmen des oben erwähnten Projektes „Wohnen im Alter".

Im Bereich Umweltberatungsaktionen sollen zwei Aktionen genannt werden. Dies sind zum einen die „Ökologischen Zeiten in Marl". Dabei handelt es sich um eine Initiative von Ämtern, Verbänden und Vereinen in Kooperation mit der Verbraucher-Zentrale. Der Umweltberater der Verbraucher-Zentrale koordiniert vor Ort das Programm, die Öffentlichkeitsarbeit und gemeinsame Veranstaltungen und nicht zuletzt die Erfolgskontrolle der Aktivitäten.

Ein weiteres Beispiel, „Stadt als Lebensraum" mitzugestalten, sind die angebotenen Radtouren einer Umweltberaterin unter dem Motto „Häuser im grünen Pelz". Durch Besichtigung von Begrünungsaktionen von Häusern und Hinterhöfen soll Machbarkeit aufgezeigt und motiviert werden, selber Dinge zu verbessern.

Das siebte *Leitbild „Regeneration von Land und Landwirtschaft"* spricht die Bereiche Landwirtschaft und Ernährung an. Im Zentrum stehen die Ziele „Ökologische Landwirtschaft" und „Waldwende".

Die Anknüpfungspunkte der Verbraucher-Zentrale setzen insbesondere im Bereich Ernährung an, mit dem eine enge Zusammenarbeit zum Umweltbereich realisiert ist: Förderung der regionalen Vermarktung, insbesondere ökologischer Landbau und artgerechte Tierhaltung sowie ganz generell die Nachfrage nach gesunden Nahrungsmitteln und nach Produkten aus der Region. Zu den Aktionen, die die Erreichung der o.g. Ziele unterstützen gehören:
- „Kurze Wege für Mehrweg" – Getränke aus der Region;
- „Markterhebung Markenfleischprogramme";
- Einsatz und Begleitung der Ausstellung „Vom Anbau zum Produkt" sowie zur artgerechten Tierhaltung „Schwein gehabt";
- die Adressenverzeichnisse „Ökolebensmittel", die in vielen Beratungsstellen recherchiert und verteilt werden. Verstärkt werden sollen die gemeinsamen Aktionen mit dem Verein „Stadt und Land e. V.", der es sich zum Ziel gesetzt hat, die städtische Bevölkerung wieder in Bezug zu bringen mit Land und Landwirtschaft.

Das *Leitbild 8 „Internationale Gerechtigkeit und globale Nachbarschaft"* zielt ab auf die Förderung von
- sozialer Verantwortung und
- fairem Handel.

Als zwei Beispiele, mit denen wir versuchen, einen Beitrag zur Erreichung dieses Leitbildes zu leisten, seien genannt: die Unterstützung der Initiative „transfair" sowie das Projekt „Der Unternehmenstester".

Regelmäßig anlässlich des Welternährungstages am zweiten Oktobersonntag eines jeden Jahres appellieren die Beratungsstellen in einer gemeinsamen Informationskampagne für fair gehandelte Produkte unter dem Motto „Aufgewacht und umgedacht – verantwortungsbewusst entscheiden und handeln" an die Verbraucherinnen und Verbraucher, solidarisch und fair einzukaufen.

Das Projekt „Der Unternehmenstester" soll Verbraucherinnen und Verbrauchern die Möglichkeit geben, bezogen auf den Bereich Lebensmittel ihre Einkaufsentscheidungen danach auszurichten, was ihnen persönlich im Hinblick auf die Unternehmen wichtig ist. Kriterien, die bei den Unternehmen hierzu abgefragt worden sind, zielen auch in Richtung soziale Verantwortung. Damit haben Verbraucherinnen und Verbraucher indirekt die Möglichkeit, einen Beitrag zur Erreichung des Leitbildes „Internationale Gerechtigkeit und globale Nachbarschaft" zu leisten.

Abschließend sei daran erinnert, dass die genannten Leitbilder für zukunftsfähigen Konsum nicht den Umweltbereich allein betreffen, sondern sie müssen alle Arbeitsbereiche umfassen, auch in einer Organisation wie der Verbraucher-Zentrale.

Wir wollen konkrete Hilfestellungen für Verbraucher geben durch Beratung, Information und Bildung. Wir wollen, dass Verbraucher sich einmischen und mitgestalten; wir wollen Verbraucherinnen und Verbraucher dazu ermuntern, sich nicht alles gefallen zu lassen, sondern da, wo sie berechtigte Forderungen haben und wo sie sich für bestimmte Dinge einsetzen wollen, dies auch zu tun.

Wo zukunftsfähiges Konsumieren gefordert ist, bedarf es eines nachhaltigen Produzierens. Hierzu müssen noch eine Vielzahl von politischen und wirtschaftlichen Rahmenbedingungen geschaffen werden. Die Forderungen nach zukunftsfähigem Konsumieren und nachhaltigem Produzieren dürfen sich nicht weiter gegenseitig blockieren. Hier muss eine engere Verzahnung stattfinden. Es ist allgemein bekannt, dass die vielgerühmte Forderung nach Vereinbarkeit von Ökologie, Ökonomie und sozialen Aspekten zu den größten Herausforderungen unserer Gesellschaft gehört, mit deren Umsetzung, vor allem im wirtschaftlichen Handeln, wir uns bislang sehr schwer tun.

Zukunftsfähiger Konsum braucht Kooperationen und Bündnisse mit Gleichgesinnten aus Politik, Verbänden und allen gesellschaftlichen Gruppen und nicht zuletzt auch mit der Wissenschaft und den in Hochschulen tätigen Studierenden und Lehrenden.

Lothar Mayer

## Tauschringe, lokales Geld und lokale Ökonomie. Ohne Moos was los

Mit diesem Slogan werben LETS-Gruppen für ihre Idee. Und sie kommt an: Heute gibt es in Deutschland über 300 Initiativen, deren Mitglieder sich einen eigenen Markt für ihre Dienstleistungen und zum Teil auch Waren geschaffen haben, der vom Zahlungsmittel D-Mark abgekoppelt ist. Der Austausch unter den Teilnehmern wird durch ein Verrechnungssystem geregelt, in dem die Leistungen dem empfangenden Teilnehmer belastet und dem gebenden gutgeschrieben werden.

Gleichzeitig erweckt und fördert dieser Spruch auch einen weitverbreiteten Irrtum, nämlich dass es in einem LETS-System kein Geld gibt. So steht es auch in den Zeitungsberichten: „Niemand bezahlt oder bekommt auch nur einen Pfennig für die Leistung." (Privatfinanzen) „Wie man ohne Bargeld Waren und Dienstleistungen erhält." (Rheinischer Merkur)

### Wirtschaften ohne Geld?

In Wirklichkeit sind auch die Talente, Isarthaler, Dätschmer oder Batzen, mit denen in LETS-Gruppen abgerechnet wird, Geld – auch wenn sie nicht mit dem gesetzlichen Zahlungsmittel identisch sind. Und zwar Geld in seinem ursprünglichsten Sinn: nämlich ein Tauschmittel und sonst nichts. Es kann nicht, wie DM oder Dollar, vermehrt werden, indem man es gegen Zinsen ausleiht oder in Aktien anlegt. Man kann es nicht auf die Bank bringen und für sich arbeiten lassen. Es wird in dem Augenblick geschaffen, in dem eine Arbeit geleistet oder ein Produkt übergeben wird, und es verschwindet in dem Augenblick, in dem der Empfänger seinerseits wieder eine Leistung in Anspruch nimmt.

Vom gesetzlichen Zahlungsmittel D-Mark unterscheidet es sich weiterhin dadurch, dass es innerhalb einer geschlossenen, überschaubaren Gruppe zirkuliert und kein universelles Zahlungsmittel in einer unübersehbaren Masse anonymer, auswechselbarer Marktteilnehmer ist. Es ist auch nicht konvertierbar in das allgemeine gesetzliche Zahlungsmittel.

Warum diese Scheu, im Zusammenhang mit LETS das Wort Geld zu benutzen? Weil wir uns nicht klar machen, wovon wir reden, wenn wir Geld sagen. Oder genauer: weil wir uns, ohne uns darüber klar zu sein, die Bedeutung des Wortes Geld von der uns umgebenden kapitalistischen Marktwirtschaft diktieren lassen. Mit anderen Worten: Wenn man von Geld redet, ohne zu sagen, was für ein Geld man meint, hat man schon verloren. Man ist entweder gleich gefangen in der ganz speziellen Vorstellung von Ökonomie, die in der Marktwirtschaft verkörpert ist – also Profitmaximierung und Konkurrenz, Kapitalverwertung und Shareholder Value, Anonymität und beschränkte Haftung, Kommerzialisierung und Globalisierung (denn die Marktwirtschaft und ihr Geld sind aus einem Guss, bedingen und ermöglichen sich gegenseitig); oder noch schlimmer: wir wissen gar nicht, wovon wir reden, weil der eine selbstverständlich das Geld der Marktwirtschaft mit allen dazu gehörigen Eigenschaften meint, und die andere von dem statischen Tauschmittel einer geschlossenen Gemeinschaft spricht.

Der Güteraustausch in einem Tauschring ermöglicht also eine Verbesserung der Lebensqualität auch für diejenigen, die für das, was sie anzubieten haben, im „normalen" Markt keine Nachfrage finden, vielleicht, weil sie ihr Angebot nicht in die marktübliche standardisierte Form bringen können oder wollen. Das bedeutet aber keineswegs, wie die Praxis zeigt, dass diese Idee nur allein erziehende Mütter, Arbeitslose, Rentner oder Behinderte anzieht. Ganz im Gegenteil treffen sich in LETS-Gruppen auch viele Berufstätige, die hier eine Möglichkeit finden, „das zu tun, was sie am liebsten machen und dafür anderen Dinge zu überlassen, die ihnen keinen Spaß machen", wie es eine LETS-Teilnehmerin ausdrückte.

> *Ein ganz konventionelles, aber höchst attraktives Beispiel dafür, wie ein solcher Austausch funktionieren kann, ist das Schumacher College in Südwest-England: Dort kann man als „Helper" sechs Monate oder ein Jahr ohne einen Penny verbringen und dabei einen großen Teil des außergewöhnlichen ökologisch orientierten Kursprogrammes wahrnehmen und internationale Kontakte knüpfen. Gegenleistung: Arbeit im Betrieb des Hauses, Kochen, Putzen, Aufräumen, Bibliothek, Verwaltung (www.gn.apc.org/schumachercollege/).*

Aber mindestens ebenso wichtig, für erfahrene Teilnehmer, oft noch wichtiger, sind die psycho-sozialen „Nebenwirkungen":
- Es werden Fähigkeiten aktiviert, die sonst brachliegen. In England sind LETS-Gruppen besonders in wirtschaftlichen Notstandsgebieten, wie in den alten Schwerindustrie- und Werftzentren weit verbreitet. Sie geben Arbeitslosen eine Möglichkeit, Gefühle von Hilflosigkeit und Nutzlosigkeit abbauen).
- Tauschgruppen fördern soziale Kontakte und Gemeinschaftswerte. „Social isolation is as significant to mortality rates as smoking, high blood pressure, high cholesterol, obesity and lack of physical exercise" (House 1998).

## Welche Bedeutung hat nun LETS für die Entwicklung einer lokalen und regionalen Ökonomie?

Eine gut entwickelte lokale und/oder regionale Ökonomie (die man sich in der Form konzentrischer Kreise vorstellen muss) ist nur möglich, wenn sie ihre eigenen Ressourcen und Finanzen kontrolliert. Wenn diese Kontrolle zentralisiert oder gar globalisiert ist, werden die lokalen Entscheidungen von den Gesetzen des (mehr und mehr globalen) Marktes bestimmt.

Das Geld der Marktwirtschaft, weit davon entfernt, ein neutrales Verrechnungsmittel zu sein, transportiert die Produktivität des Produktionszusammenhangs, in dem es verdient wurde. Ein deutscher Angestellter, der in Leh (einer kleinen Stadt im Himalaja) einen Hundert-Mark-Schein aus der Tasche zieht, kann damit den einheimischen Bauern, der auf seiner Hände Arbeit angewiesen ist, jederzeit spielend als Marktteilnehmer ausschalten. Aber genauso wird die Effizienz eines Produktionsprozesses sehr verschieden beurteilt werden, je nachdem ob sie aus dem lokalen Kontext oder aus einer fernen Konzernzentrale analysiert wird (siehe Abschnitt „Effizienz, absolut/kontextbezogen").

> *Ein amerikanischer Konzern, der in der hoch produktiven amerikanischen Landwirtschaft (high input, high output, hoch mechanisiert, riesige Anbauflächen, Monokultur, wissenschaftlich gemanagt) die Gewinne von Jahren angesammelt hat, kauft nach der Gründung der NAFTA in Mexiko das Land der Kleinbauern auf, die in einem Jahr nicht so viel verdienen können wie ein amerikanischer Farmmanager in drei Tagen, und führt dort die hoch mechanisierte, hoch produktive amerikanische Landwirtschaft ein – mit abhängigen Landarbeitern, die nur ein Zehntel des Arbeitslohns eines amerikanischen Landarbeiters verdienen. Die Produkte werden in die USA eingeführt, und die kleinen amerikanischen Farmer, die damit nicht konkurrieren, aber auch nicht nach Mexiko ausweichen können, machen Pleite. Ein anderes Beispiel wäre Borokay, eine kaum berührte Insel im Archipel der Philippinen, auf der es nur ein paar Dörfer gab, keine Straßen, keine Autos, keinerlei Industrie. Das Leben auf dieser Insel war sagenhaft billig. Die Miete für eine Hütte kostete 20 Mark für zwei Wochen, und für Essen und Trinken brauchte man kaum drei Mark am Tag. Für drei Mark konnte man auch ein kleines Segelboot von einem Fischer für einen ganzen Tag mieten. Nach einigen Tagen fand ich heraus, dass ich mit meinem Monatseinkommen die gemietete Hütte und das gemietete Boot einfach kaufen konnte, und dass mein Jahreseinkommen ausreichen würde, um sämtliche Hütten und den größten Teil der Obst- und Gemüsegärten der Einwohner des Dorfes zu kaufen.*

Eine lokale Ökonomie braucht eine Infrastruktur, die die Produktion vor Ort für die Befriedigung der lokalen Bedürfnisse ermöglicht. Dazu gehören Dinge wie gemeindeeigenes Land, selbst verwaltete lokale

Betriebe, gemeinschafts- (nicht profit-)orientierte lokale Banken und lokale Währungen.

Geld ist ein Informationssystem. Ein nationales oder globales Geld kann nur die auf höchster Ebene aggregierten Informationen transportieren (Kapitalrenditen weltweit, Konkurrenz zwischen Produkten und Löhnen weltweit; alle lokalen/regionalen kontextuellen Informationen gehen dabei verloren). Die Konsequenz ist: Das universale Geld löst die lokalen Verhältnisse auf wie eine Universalsäure, vgl. dazu als Beispiele Borgentreich in Westfalen (Müller 1998), oder Ladakh (Norberg-Hodge 1993) oder auch jede beliebige Gemeinde in einem unterentwickelten Land der Dritten Welt. Ein lokales/regionales Geld dagegen bezieht sich auf die lokalen Verhältnisse (Produktionsbedingungen, Produktivitätsniveau, Arbeitskräfte, Lebensrythmus, Umweltvorschriften, soziale Anforderungen). Es repräsentiert oder inkorporiert diese Verhältnisse. Das ist auch der Grund, weshalb Geld, das aus seinem Kontext herausgenommen und unter ganz anderen Verhältnissen eingesetzt wird, so verheerende Auswirkungen haben kann.

Wenn man die Subsistenzwirtschaft von Pari (einem abgelegenen kleinen Dorf der Toskana) oder die lokale Ökonomie von Orcas (einer Insel vor der Küste von Seattle/Vancouver) retten oder schützen will, muss man eine eigene Währung haben, die für den Austausch innerhalb der lokalen oder regionalen Gemeinschaft verwendet wird. Das heißt nicht, dass sich Pari vollkommen von der Außenwelt isolieren muss (vgl. Modell der konzentrischen Kreise, z.B. bei Douthwaite 1999). Die jungen Leute, die im Internet arbeiten wollen (z.B. Websites aufbauen oder Software entwickeln), lassen sich ihre Honorare auf ein Konto bei der lokalen Bank überweisen. Die Bank gibt ihnen dafür den gängigen Tages- oder Wochenlohn in „Pari", der lokalen Währung. Das gleiche gilt für die Einnahmen von Restaurants oder Cafés von Touristen. Die Lire, Dollar oder Euro stehen der Gemeinschaft für notwendige Importe zur Verfügung. Die Gemeinschaft ist selbstverständlich an der Verwaltung der Bank und an den Entscheidungen über Kredite für Investitionen beteiligt. Beispiele dafür, wie das funktioniert, sind die ROMA-Währung in Ballyhaunis in Irland (Douthwaite 1999) und SHARE in Berkshire, MA, USA[10]. Dieser Verein entwikkelte mit anderen Gruppen ein Kreditmittel namens Berk-Shares, das mit einem niedrigen Zinssatz (3 %) an lokale Unternehmer verliehen wird. Damit können Aktivitäten finanziert werden, die weder die hohen Zinsen eines Bankdarlehens zahlen noch die entsprechenden Sicherheiten beibringen können. Mit ihrem lokalen Geld können die Einwohner von Berkshire ihre eigenen wirtschaftlichen Entscheidungen treffen, statt sie sich von den Weltkapitalmärkten und den dort erzielten Renditen diktieren zu lassen.

### Effizienz, absolut/kontextbezogen

Effizienz und Produktivität sind Maßzahlen für das Verhältnis zwischen Input und Output. Wenn ein Auto 100 km mit fünf Litern statt mit zehn Litern schafft, hat es seine Energie-Effizienz verdoppelt. An einem modernen Spinnautomaten produziert ein Arbeiter in einer Stunde 500 bis 1000mal so viel Garn wie Gandhi an seinem Spinnrad. Die Arbeitsproduktivität hat sich vertausendfacht.

Wie alles in der herrschenden Naturwissenschaft werden auch Effizienz und Produktivität in der Industriegesellschaft im Interesse der Reproduzierbarkeit und Vergleichbarkeit unter Ausschluss aller sachfremden, „störenden" Einflussfaktoren gemessen. So ist die Arbeitsproduktivität eines Landwirts in einem Industrieland 100mal so hoch wie die eines afrikanischen oder peruanischen Bauern. Die Zerstörung des Artenspektrums durch Monokulturen und Pestizide, der kontinuierliche Abfluss des Mutterbodens (also des eigentlichen Produktionskapitals), die Vergiftung des Grundwassers und die Eutrophierung von Gewässern und Meeresteilen durch Stickstoffverbindungen und viele andere Folgekosten („pervasive impacts", Daly 1999) fallen bei dieser

---

10 E. F. Schumacher Society 140 Jug Rd, Great Barrington, MA 01230 (efssociety@aol.com)

Rechnung unter den Tisch. Wie eine „Vollkosten"rechnung etwa aussehen müsste, zeigt ein aktueller Bericht aus England (Pretty 2000). Das ist das Wesen des Marktes, verschärft: des globalen Marktes: Den Bananen, die ich billig im Supermarkt kaufe, sehe ich nicht an, unter welchen Arbeitsbedingungen, mit wie viel Pestizideinsatz sie produziert werden und wieviel Millionen Tonnen Bodenkrume aus den Plantagen von Dole und Chiquita jährlich in die karibische See geschwemmt werden.

In einer lokalen Ökonomie gehen die sozialen, ökologischen und gemeinschaftlichen Auswirkungen einer Investition oder einer Produktionsweise selbstverständlich in die Beurteilung ein. Wenn ein Investor einen Kredit in lokaler Währung bei der lokalen Bank beantragt, wird das Ergebnis der Investition nicht nur nach der zu erwartenden Kapitalrendite, sondern auch danach beurteilt, ob es Arbeitsplätze schafft, ob es die Landschaft verschandelt und der Umwelt schadet, ob es viel Autoverkehr anzieht und damit Lärmbelästigung mit sich bringt, usw. Für die Finanzabteilung eines fernen Konzerns ist allein die Kapitalrendite maßgebend – losgelöst von allen menschlichen und sozialen Auswirkungen.

Das universale Geld und das dazugehörige Bankensystem ist wie ein Staubsauger, der die lokalen Ersparnisse (gegen einen geringen Zinssatz) aufsaugt und sie dann als eigenes Geld dorthin leitet – irgendwo in der Welt –, wo sie für die Bank oder für die Kreditnehmer der Banken die höchste Rendite bringen (Hans Diefenbacher[11]).

Der Anleger, der sein Geld in einem Fonds und damit irgendwo in der Welt anlegt, darf sich nicht wundern, wenn sein Sohn oder seine Tochter sich irgendwo in der Welt einen Job suchen oder mit den Arbeitern irgendwo in der Welt konkurrieren muss. Wenn er sein Geld über eine lokale Bank in einem lokalen oder regionalen Unternehmen

---

11 Tagung in Dessau „Der andere Umgang mit Geld und Banken" am 4. und 5. Februar 1999

angelegt hätte, würde er weniger Rendite bekommen – aber statt dessen würden ihn vielleicht nach der Schule seine Enkelkinder besuchen oder die Gemeinde könnte einen Kindergarten unterhalten oder es gäbe weniger herumhängende arbeitslose Jugendliche und weniger Gewalt.

Information über Tauschringe:
Deutsches Tauschring-Archiv, Hasenkamp 30, 49504 Lotte
privatier@t-online.de Ithaca, USA:
www.lightlink.com/hours/ithacahours/foreign/deutsch/index.html

**Literatur**

House, J., zit. von D. Coleman, International Herald Tribune 1998, nach: Ecologist 3/1999, S. 99–193

Daly, H. (1999): Wirtschaft jenseits von Wachstum. Die Volkswirtschaftslehre nachhaltiger Entwicklung. Salzburg u. a.

Douthwaite, R. (1999): The Ecology of Money (Schumacher Society Briefing, zu beziehen von <greenbooks@gn.apc.org>)

Müller, C. (1998): Von der lokalen Ökonomie zum globalisierten Dorf. Frankfurt a. M.; New York

Norberg-Hodge, H. (1993): Leben in Ladakh. Freiburg in Breisgau

Pretty, J. (2000): The Real Costs of Agriculture. Centre for Environment and Society. University of Essex

# Teil II

## Handlungsangebote und Spielräume für nachhaltigen Konsum in der Lebenswelt Universität

Antje Juckwer, Olaf Jungbluth, Oda Schreiber
# Nachhaltiger Konsum in der studentischen Lebenswelt: Die Lüneburger Food-Coops „Ratatouille" und „Korn Konnection"

Welche Räume für nachhaltigen Konsum gibt es in der studentischen Lebenswelt? Gibt es studentische Gruppen, die sich in einem kritischen Konsum üben und bereits neue Konsumformen ausprobieren? Schaut man sich in der Umgebung der Universität Lüneburg um, stößt man auf zwei studentische Gruppen, die sich schon seit geraumer Zeit mit dieser Thematik beschäftigen: Die Lüneburger Food-Coops Ratatouille und Korn Konnection (KoKo).

## Die Geschichte der Lüneburger Food-Coops Ratatouille und KornKonnection.

> *Was sind eigentlich Food-Coops?*
> *Food-Coops bzw. Lebensmittel-Kooperativen sind feste Einkaufsgemeinschaften, die sich mit ökologisch, möglichst regional erzeugten und fair gehandelten Nahrungsmitteln auseinandersetzen. Sie beziehen ihre Lebensmittel nicht über den Einzelhandel, sondern preiswert direkt vom Erzeuger oder Großhandel. Die Ware wird gesammelt bestellt und gemeinschaftlich innerhalb der Gruppe verteilt. Die anfallenden Arbeiten werden in der Regel von ehrenamtlich tätigen Mitgliedern übernommen.*

In den siebziger Jahren, d.h. lange vor der aktuellen Diskussion um Nachhaltigkeit und nachhaltige Konsumformen entstanden auf Bundesebene die ersten Food-Coops. Im Winter 1991/92 gelangte die Idee des gemeinschaftlichen ökologischen Einkaufs auch nach Lüneburg.

# Die Lüneburger Food-Coops

Wir waren eine Gruppe von 14 StudentInnen (hauptsächlich KulturwissenschaftlerInnen/Ökologie und SozialpädagogInnen), die diese Idee in Lüneburg umsetzen wollten. Die Food-Coop Ratatouille entstand. Unsere Ziele, die sich bis heute kaum verändert haben, sind:
- die Förderung des ökologischen Landbaus
- die Unterstützung kleinerer Betriebe aus der Region
- Produkte aus ökologischem Anbau auch für finanziell schwächer Gestellte bezahlbar zu machen
- die Sensibilisierung von VerbraucherInnen für ökologische Produkte und nicht das Abwerben der KundInnen von Naturkostläden
- eine Organisationsform ohne Hierarchien, bei der alle anfallenden Arbeiten und die Verantwortung auf die Mitglieder übertragen werden

Wir fanden in der Nähe der Universität einen Keller als Lager- und Verteilungsraum, der uns kostenlos zur Verfügung gestellt wurde. Wir knüpften erste Kontakte zu Produzenten und Großhändlern. Die ersten Bestellungen folgten. Eigene Organisations- und Entscheidungsstrukturen für die Auswahl der Ware, die Bestellungen, die Verteilung mussten aufgebaut und ständig angepasst werden; ein Prozess, der bis heute andauert. Entscheidungen werden gemeinschaftlich bei einer monatlichen Zusammenkunft (Plenum) gefällt.

Schnell stieg auch die Mitgliederzahl. Nach nur einem halben Jahr waren schon 40 CooplerInnen aktiv, und die Gruppe bestand schon lange nicht mehr nur aus StudentInnen. Die Dynamik der Mitgliederentwicklung war schon immer sehr stark, bedingt durch den großen Anteil an Studierenden, die nur für eine begrenzte Zeit in Lüneburg leben. Dennoch stieg die Mitgliederzahl im Jahr 1996 auf über 130. Dies war Anlass, über neue Strukturen nachzudenken, um die Überschaubarkeit zu wahren. Ganz unzeitgemäß und gegen den Trend hin zu immer größeren Organisationsformen entschieden wir uns gegen die Aufnahme neuer Mitglieder und eine damit verbundene Vergrößerung. Statt dessen wurde eine neue Food-Coop, die KornKonnection (KoKo), ins Leben gerufen. Als Starthilfe erhielt sie Teile der Ausstattung und finanzielle Mittel von Ratatouille. KornKonnection übernahm nicht alle Strukturen und Lieferanten, sondern entwickelte ein eigenes System.

Wiederum fanden sich engagierte StudentInnen zusammen und bastelten an einem Konzept für die neue Food-Coop. Einen passenden Raum fanden wir diesmal in der Nähe der Universität auf dem Gelände eines Studentenwohnheims des Campus e.V. Dieser studentische Verein stellte uns einen kleinen Raum gegen eine geringe Miete zur Verfügung. Es entstand ein Raum, der von nun ab mit Leben(-smitteln) gefüllt werden musste.

Durch ein Praktikum hatte ein KoKo-Mitglied Kontakte zu einem nahegelegen Bauernhof (25 km), der uns ein Sortiment an biologisch-dynamisch erzeugten Produkten anbot. KoKo wird von diesem Hof seitdem wöchentlich mit Milchprodukten, Obst und Gemüse beliefert. Eine ebenfalls nahegelegene Vollkornbäckerei versorgt uns mit frischen Backwaren, Müsli, Getreide und Keksen. Weitere Kontakte wurden geknüpft, um das Sortiment zu erweitern. Über einen Großhändler beziehen wir Trockenprodukte wie z.B. Brotaufstriche, Nüsse, Säfte, Gewürze, Öl, Essig, Süßigkeiten sowie Wasch- und Reinigungsmittel. Ein weiterer Versandhandel bietet ein Teesortiment. Es war und ist bis heute nicht immer einfach, alle Produkte entsprechend der uns wichtigen Kriterien (vgl. Nähe zum Produktsortiment) zu bekommen.

Mittlerweile ist Ratatouille in einen Kellerraum auf dem Universitätsgelände (Studentenwohnheim) umgezogen. Die Kontakte haben sich erweitert, aber auch verfeinert. Ziel ist es, nicht nur neue Produkte aufzunehmen, sondern direkter mit den Produzenten zu verhandeln und weniger Ware über den Großhandel zu beziehen. Heute wird die Food-Coop Ratatouille von zehn verschiedenen Betrieben und Firmen in unterschiedlichem Umfang beliefert.

Die Entwicklung der Food-Coops Ratatouille und KoKo kann in ihrer Gesamtheit als positiv betrachtet werden. Problematische Phasen gab es immer wieder, wie z. B. das Suchen neuer Lagerräume, ein zu geringer Arbeitseinsatz einzelner Mitglieder, der Schädlingsbefall der Nahrungsmittel, finanzielle Verluste oder die häufig schwankenden Mitgliederzahlen. Die Probleme mussten mit viel Engagement der Mitglieder überwunden werden, was bisher auch immer gelang.

## Räume für nachhaltigen Konsum bilden und gestalten

Im Folgenden soll die Beziehung der Coop-Mitglieder zum Produkt näher beleuchtet werden. Da auf diese Verbindung ein sehr unübersichtliches Netz von Einflussfaktoren wirkt, konzentriert sich dieser Beitrag nur auf einen Ausgangspunkt, nämlich auf „Nähe zu den Dingen", wobei „Nähe" hier nicht nur den Besitz und den Verbrauch von Produkten, sondern auch das Handeln mit und das Wissen um Produkte beinhaltet. Vor dem Hintergrund dieser allgemeinen Beschreibung wird an fünf Beispielen dargestellt, wie in den Food-Coops Ratatouille und KornKonnection versucht wird, ein Konsumverhalten zu ermöglichen, das ökologische und soziale Belange berücksichtigt.

## Räumliche Nähe zu den Produzenten und Lieferanten

Eines der Hauptziele ist die Unterstützung von regionalen Kleinbetrieben. Von diesen beziehen wir vor allem Grundnahrungsmittel wie Brot, Getreide, Milchprodukte und Gemüse sowie Säfte und Honig. Die Abbildung 1 zeigt, dass insgesamt 31 % des Warenwertes aus der Region um Lüneburg stammen. Dazu zählen wir die Landkreise Lüneburg, Uelzen und Lüchow-Dannenberg, d.h. Entfernungen bis ca. 50 km. Es wird versucht, den Anteil der regionalen Produkte weiter zu steigern, da dies ein entscheidendes Kriterium für die Umweltverträglichkeit eines Produkts ist.

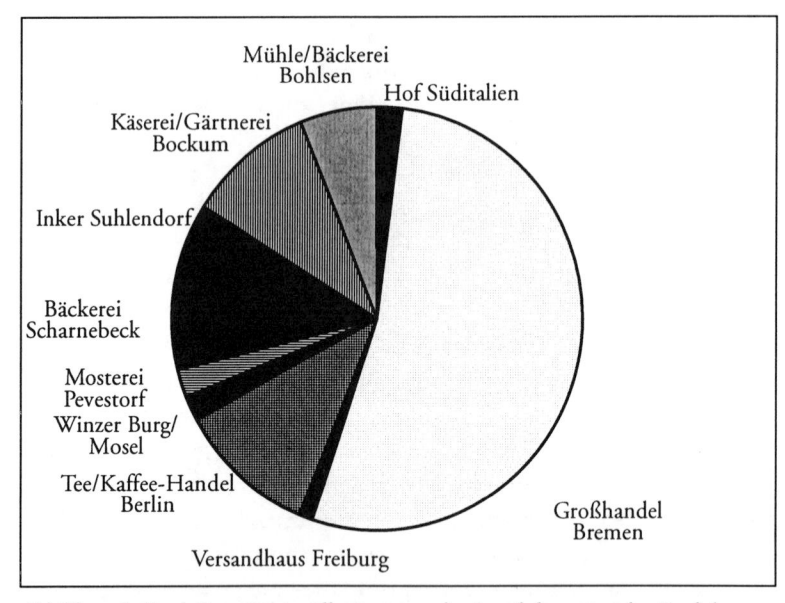

*Abbildung 1: Food-Coop Ratatouille: Prozentualer Anteil der regionalen Produkte*

Verarbeitete Lebensmittel (z.B. Brotaufstriche), Kosmetikartikel, Wasch- und Reinigungsmittel beziehen wir aus dem übrigen Bundesgebiet. Aus dem europäischen Ausland kommen Weine, Olivenöl und Hanfprodukte. Weitere Produkte, wie Tee, Kaffee, Trockenfrüchte, Ölsaaten, die nicht aus regionaler, deutscher oder europäischer Produktion erhältlich sind, kommen aus Übersee. Hier gibt es bei KoKo aktuell eine Diskussion, inwiefern der Anteil der importierten Lebensmittel evtl. reduziert werden soll, um zu lange Transportwege zu vermeiden.

## Persönlicher Kontakt zu den Produzenten

Die Food-Coops versuchen, einen möglichst engen und dauerhaften Kontakt zu den Produzenten aufzubauen. Hierbei ist es hilfreich, dass 33% des Warenwertes direkt von Produzenten geliefert wird, d.h. ohne Zwischenhandel:

Die Lüneburger Food-Coops — 127

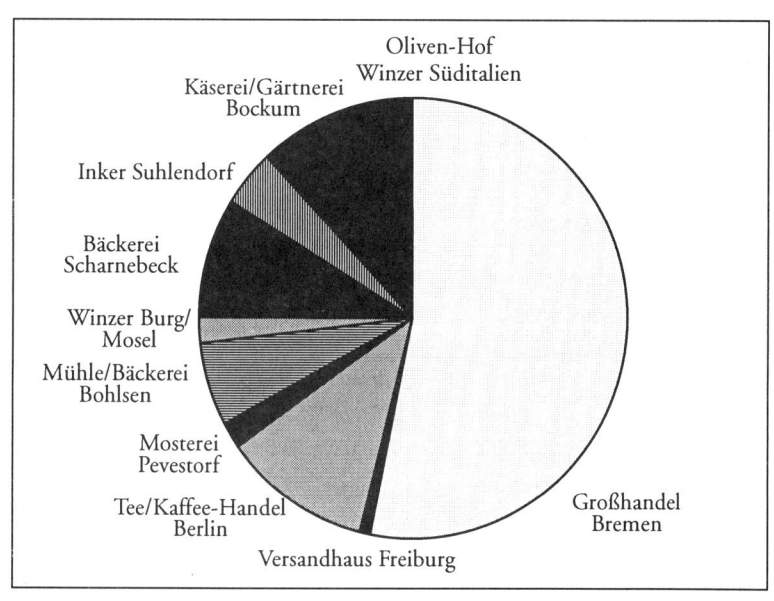

*Abbildung 2: Food-Coop Ratatouille: Direkter Warenbezug von Produzenten*

Für jeden Lieferanten wird eine AnsprechpartnerIn bestimmt, der oder die sich um sämtliche Belange kümmert. Dazu gehören die Bestellungen und eventuell auftretende Fragen zu den Produkten oder den Lieferungen. Außerdem nutzen wir Hofbesichtigungen und -feste, Weinproben etc. zum gegenseitigen Kennenlernen. So entsteht ein Kontakt zu fast 50% unserer Lieferanten.

Eine Besonderheit stellen Produzenten oder deren Mitarbeiter dar, die Mitglied in der Food-Coop sind. Dies schafft ein überaus starkes gegenseitiges Vertrauen.

## Nähe zum Produktsortiment

In der Food-Coop bestimmen die Mitglieder selbst, welche Produkte in den Regalen stehen. Diese Entscheidung wird durch unsere Produktgruppe oder das Plenum getroffen. Die Produktgruppe achtet im Idealfall darauf, dass unsere Kriterien, die wir für die Bewertung eines Produkts aufgestellt haben, bestmöglich eingehalten werden. Unsere Kriterien sind: Kontrolliert-biologischer Anbau, geringe Transportwege, soziale Arbeitsbedingungen des produzierenden Betriebs, sparsame Verpackung, geringer Verarbeitungsgrad der Lebensmittel und der Preis. Ganz am Anfang wird jedoch entschieden, ob das Produkt an sich überhaupt sinnvoll und notwendig ist. Ist dieses Kriterium nicht erfüllt, entfällt die weitere Bewertung. Bei Produkten aus sogenannten Entwicklungsländern achten wir auf faire Handelsbedingungen. D.h. es ist uns wichtig, dass die Produzenten einen angemessenen Lohn für ihre Arbeit erhalten und die Gewinne nicht, wie typischerweise beim Bananen- oder Kaffeehandel, zum Großteil bei den westlichen Händlern verbleiben. Ein wichtiges Kriterium ist die Unterstützung von Familienbetrieben und Betrieben mit besonderen Zielen. Wir beziehen einen Teil unserer Grundnahrungsmittel von einem SOS Kinderdorf, zu dessen besonderen Zielen die Integration von behinderten (betreuten) ArbeitnehmerInnen gehört. Außerdem beziehen wir Wein von einem Winzer aus Italien. Dahinter steht kein herkömmlich organisierter Betrieb, sondern eine Kommune. Die Abbildung 3 zeigt den Anteil der Betriebe mit besonderen sozialen Zielen:

Nicht immer sind alle Bedingungen bestmöglich erfüllt. Deshalb muss zwischen den verschiedenen Kriterien häufig abgewogen werden. Ein passendes Beispiel ist der Honig von Ratatouille. Diesen beziehen wir direkt von einem regionalen selbständigen Imker, obwohl der Preis wesentlich höher ist als der eines anderen großen Produzenten, der über Großhändler vermarktet. In diesem Fall sind für uns die Kriterien Regionalität und Direktvermarktung jedoch wichtiger als der Preis. Durch diese Nähe zum Sortiment entwickeln sich immer neue Diskussionen über Produkte, Inhaltsstoffe, Zubereitung und Marktsituation. Selbst die Entwicklung der Produzenten und Zulieferer steht sehr häufig im Mittelpunkt der Gespräche. Fragen werden gestellt und Wissen wird ausgetauscht. Für viele Mitglieder der Food-Coop ist es besonders wichtig zu wissen, dass es keine reine „Verkäufermentalität"

Die Lüneburger Food-Coops — 129

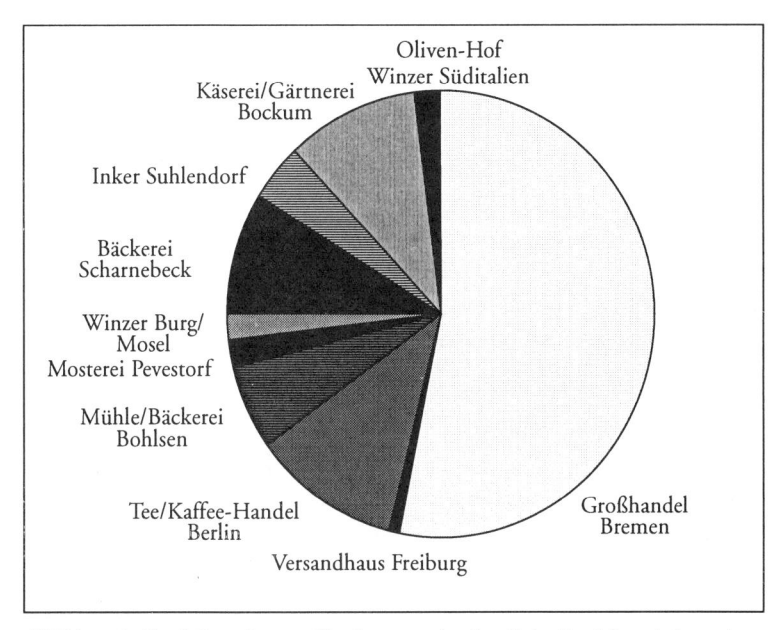

*Abbildung 3: Food-Coop Ratatouille: Prozentualer Anteil der Betriebe mit besonderen sozialen Zielen*

gibt, niemand will einer anderen Person „irgendwas aufschwatzen". Jede/r soll selbst entscheiden, für welche Produkte er/sie sich entscheidet. Dafür wird jedoch eine Entscheidungsgrundlage benötigt, um die es im Folgenden gehen soll.

## Nähe zur Produktbewertung

Davon ausgehend, dass nicht überall, wo „öko" oder „bio" draufsteht, auch ein ökologisch und sozial verträgliches Produkt drin ist, geben bunte Schildchen an den Ratatouille-Regalen nicht nur Auskunft über den Preis des angegebenen Produkts, sondern enthalten gleichzeitig eine Produktbewertung, die Auskunft darüber gibt, wie gut unsere o. a. Kriterien erfüllt sind. Produkte, die (noch) nicht bewertet wurden, haben ein neutrales weißes Preisschild. Die folgende Tabelle zeigt das Bewertungssystem und den jeweiligen prozentualen Anteil am Gesamtwarenwert:

| Farbe des Auszeichnungsschildes | Kaufempfehlung | %-Anteil |
|---|---|---|
| rot | bedenklich | ca. 30 % |
| gelb | bedingt empfehlenswert | ca. 40 % |
| grün | empfehlenswert | ca. 25 % |
| weiß | noch nicht bewertet | ca. 5 % |

*Tabelle 1: Food-Coop Ratatouille: Produktbewertung*

Unter den Produkten mit den roten Preisschildern finden sich Süßigkeiten, „ausgefallene" Getreidesorten, Reis, Tofu sowie ein Teil der Kosmetikartikel. Gründe hierfür sind lange Transportwege, unnötige Verpackungen oder eine sehr energieaufwendige Herstellung.

Zu den Produkten mit den gelben Preisschildern gehören Tee, Gewürze, Trockenobst/Nüsse, Knäckebrot, Brotaufstrich, Marmelade sowie ein Teil der Säfte. Gründe hierfür sind unvermeidbare Transportwege oder Einweg- statt Mehrwegverpackungen.

„Empfehlenswert" sind die Produkte mit den grünen Preisschildern, wie z.B. Backwaren, Milchprodukte, Nudeln, Honig, Wein, Waschmittel, der überwiegende Teil der Getreide, Körperpflegeartikel und Säfte. Gründe hierfür sind regionale Anbieter, soziale Arbeitsbedingungen, kurze Transportwege und sparsame Verpackung.

Die Produktbewertung gibt auch den Mitgliedern, die sich nicht intensiv mit der Sortimentsauswahl beschäftigen, eine Entscheidungsgrundlage für ihren Einkauf. So wird der Blick für vermeintlich weniger umweltfreundliche bzw. sozialverträgliche Lebensmittel geschärft. Wichtig ist, dass niemandem etwas vorgeschrieben wird, sondern lediglich Entscheidungshilfen gegeben werden.

## Nähe zu den Produkten

Viele unserer Produkte werden in sogenannten Großgebinden geliefert, d. h. Käse kommt als „Wagenrad", Getreide im 25-kg-Sack und Waschmittel im Kanister. Die Umverteilung auf die einzelnen Mitglieder erfolgt – außer bei Tee und Kräutern, für die es eine Abfüllgruppe gibt – durch Selbstabfüllen. Dabei ist jede/r gefordert, möglichst nichts zu verschütten und korrekt zu wiegen, um Warenschwund zu vermeiden. Außerdem heißt es bei allen Lebensmitteln stets „Augen auf!" nach möglichen Schädlingen, um gegebenenfalls schnell und effektiv einschreiten zu können. Durch den unmittelbaren Kontakt zu den Lebensmitteln entsteht in der Regel ein Problembewusstsein insbesondere in bezug auf Lagerung, Haltbarkeit und möglichen Schädlingsbefall. Im Optimalfall wächst daraus Verantwortung jedes/jeder Einzelnen gegenüber der Ware.

Ein weiterer Vorteil des Selbstabfüllens ist, dass individuelle Probier- und Verbrauchsmengen möglich sind. Dies erhöht zum einen die Bereitschaft, bislang unbekannte oder neue Produkte auszuprobieren, und zum anderen wird vermieden, dass zu viel gekaufte Lebensmittel zu Hause vergammeln.

## Fazit: Rahmenbedingungen für die Gründung von Food-Coops

Bei der Beschreibung der fünf verschiedenen Beispiele wird immer wieder deutlich, dass die Wirkung und das Gelingen der Vorhaben direkt abhängig sind von einem engen Bezug zu dem, was in einer Coop verteilt wird und zu dem, der es produziert. Erst wenn die Konsumenten direkt an diesen Vorgängen beteiligt sind, haben sie die Möglichkeit, wirklich Einfluss zu nehmen. Die „Nähe zu den Dingen" verschafft Einfluss- und Entscheidungsspielraum. In einer Food-Coop bewegen sich alle Mitglieder auf bestimmte Dinge zu, sei es, dass sie für bestimmte Produkte, Lieferanten oder Teile der Organisation zuständig sind. Bewegen sich die Mitglieder nicht, „steht der Laden still."

## Engagierte Mitglieder

Um einen Raum für eine Food-Coop zu schaffen, muss es an erster Stelle Interessierte geben, die sich mit den Zielen identifizieren und Zeit/Lust haben, die Gründungsarbeit zu übernehmen. Hilfreich kann am Anfang eine Unterstützung von außen sein, wenn ein möglichst kostengünstiger oder kostenfreier Lagerraum gefunden werden muss. Die Verbreitung der Idee beruht häufig auf Mund-zu-Mund Propaganda und scheint vor allem in den Studiengängen Resonanz zu finden, die sich mit gesellschaftlichen Missständen sozialer und ökologischer Art beschäftigen. Über die Gründe hierfür kann spekuliert werden. Prinzipiell steht eine Food-Coop sämtlichen Gruppen oder Einzelpersonen offen.

## Bewusstseinswandel

Für eine weitere Verbreitung der Food-Coop-Idee muss bei den Konsumenten ein Bewusstseinswandel stattfinden. Der prozentuale Anteil der Ausgaben für Nahrungsmittel ist, gemessen am Haushaltseinkommen, in den letzten Jahrzenten ständig gesunken. Dies liegt an der arbeitsteiligen Wirtschaftstruktur, den technischen Innovationen und der wachsenden Konkurrenz auf den globalen Märkten. Damit einher ging eine zunehmende Entfremdung von der landwirtschaftlichen Produktion, dem Ursprung unserer Nahrung. Supermärkte haben zu dieser Entwicklung nicht unwesentlich beigetragen, befriedigen sie doch das Bedürfnis der Konsumenten nach schnellem, zeitsparendem Einkaufen zu möglichst niedrigen Preisen.

Doch das Bestreben vieler Menschen, immer mehr (Einkauf) in einer immer kürzer werdenden Zeit zu schaffen, ist keine Basis für die Food-

Coop-Idee. Das Einkaufen im Supermarkt/Bioladen ist im Vergleich zur Food-Coop schneller, bequemer und billiger. Doch bei einer Food-Coop stehen diese Attribute nicht im Vordergrund. Wichtig ist die Identifikation mit den Zielen. Nur wer bereit ist, sich für diese zu engagieren, wird über gewisse Unbequemlichkeiten hinwegschauen und auch höhere Preise als im Supermarkt in Kauf nehmen. Eine Food-Coop-Mitgliedschaft lässt sich jedoch schlecht als zusätzliche Aktivität in einen schon (über-) vollen Terminkalender integrieren. Die Mitglieder müssen zu der Einsicht gelangen, dass neue Konsumformen auch Arbeit machen und ein entsprechendes Zeitkontingent mit sich bringen.

**Schlüsselqualifikationen der Mitglieder**

In einer Food-Coop werden gesellschaftstypische Organisations- und Entscheidungsstrukturen hinterfragt und neue entwickelt. Die häufig genannten beruflichen Schlüsselqualifikationen, wie Team- und Kommunikationsfähigkeit, sind auch hier gefragt. Die Mitglieder müssen in einem Team arbeiten und entscheiden. Zum Aufbau einer stabilen Organisation bedarf es entsprechender kommunikatorischer Fähigkeiten und ein Verantwortungsbewusstsein für sich und die Gruppe.

**Veränderungen auf der gesellschaftlichen Ebene**

Neben diesen Veränderungen im Bereich der Konsumenten bedarf es auch eines Umdenkens auf der gesellschaftlichen Ebene. Neue Konsumformen wie Food-Coops sind nicht mit den herkömmlichen ökonomischen Wertmessern, wie dem Bruttosozialprodukt, messbar. Hier gilt es neue Bewertungsmöglichkeiten zu finden, die auch ökologische und soziale Aspekte beinhalten. Außerdem müssen Kriterien für eine ökonomische Nachhaltigkeit diskutiert werden. Food-Coops orientieren sich nicht an der Steigerung des Bruttosozialprodukts. Dieses würde durch mehr Food-Coops vermutlich gesenkt. Auch die starke Orientierung an bezahlten Voll-Arbeitsplätzen gibt es hier nicht. Einerseits entstehen neue Arbeitsplätze durch die Förderung des arbeitsintensiven, ökologischen Landbaus. Andererseits fallen durch die direkte Vermarktung durch die Produzenten Arbeitsplätze weg. Viel Arbeit entsteht jedoch durch die Organisation der Food-Coops. Arbeit, die zwar unbezahlt ist, jedoch der Forderung nach mehr Bürgerengagement nachkommt. Im Kräftespiel von Politik, Wirtschaft und Gesellschaft muss der Frage nachgegangen werden, ob Wirtschaftswachstum und bezahlte Arbeitsplätze weiterhin als Fixsterne der Orientierung geeignet sind oder ob Formen der regionalen Ökonomie und Bürgerarbeit hierzu eine Alternative darstellen. In diesem Zusammenhang sei auf andere alternative Konsumformen wie Tauschringe, Car-Sharing etc. verwiesen.

## Food-Coops auf Bundesebene

In Lüneburg und den Vororten gibt es neben Ratatouille und der KoKo noch eine weitere, ähnlich organisierte Gruppe. Jede Gruppe hat ihre eigenen Systeme und Strukturen, dennoch werden zur gegenseitigen Unterstützung auch gemeinsame Bestellungen vorgenommen oder Waren getauscht.

In Deutschland gibt es heute schätzungsweise 1000 Food-Coops. Diese zu vernetzen hat sich die Bundesarbeitsgemeinschaft der Lebensmittelkooperativen e. V. zur Aufgabe gemacht. Dieses seit 14 Jahren bestehende Netzwerk hat folgende Ziele: Gemeinsame Interessensvertretung, Informationsaustausch, gegenseitige Unterstützung. Die Vernetzung erfolgt über ein jährliches Treffen, ein Nachrichtenblatt (kooptelegramm) und eine Mailing-List.

Hingewiesen werden soll an dieser Stelle auf das jüngste große Projekt der BAG. In diesem Jahr erschien das „Food-Coop Handbuch", ein Ratgeber für CooplerInnen und alle Interessierten. Weitere Informationen gibt es bei der Herausgeberin:

# Die Lüneburger Food-Coops

Bundesarbeitsgemeinschaft der Lebensmittelkooperativen e. V.
c/o Annette Hoffstiepel, Im Mailand 131, 44797 Bochum

Klaus Hoppe

## Vom gesunden Wohnen bis zum Car-Sharing – ein vielseitiges Projekt für einen lebendigen Campus

Im Frühjahr 1999 kommt Leben in die alte Panzerhalle mitten auf dem Lüneburger Uni Campus, einer ehemaligen Kaserne. Die Campus Management GmbH beginnt ihr erstes Großprojekt, den Umbau der Halle in ein multifunktionales Zentrum, das Campus Center. In wenigen Monaten werden hier ein Computerladen, ein Eine-Welt-Laden, Uni-Buch und ein Laden für ökologische Baustoffe eröffnen. Zusammen mit einem Café und dem Kunstraum der Universität werden sie unter dem Dach des Campus Centers zu finden sein.

Die Campus Management GmbH gehört zum gemeinnützigen studentischen Verein Campus e.V. Gemeinsam wirken beide im Campusprojekt für einen lebendigen Universitätscampus. Einige Studierende des Allgemeinen Studierenden Ausschusses ergriffen 1992 die Initiative und bauten ein ehemaliges Kasernengebäude zum Studierendenwohnheim um. Anlass waren die steigenden Studierendenzahlen und der immer knapper werdende Wohnraum. Dazu wurde der Verein Campus e.V. gegründet, der heute fünf Studierendenwohnheime betreut und 280 Zimmer an Studierende vermietet. Drei Wohnheime befinden sich direkt auf dem Uni-Campus. 1997 konnten durch den Umbau eines ehemaligen Kinderkurheims ganz in Nähe der Universität und des neuen Fachhochschul-Standortes zwei weitere Wohnheime geschaffen werden.

Ziel des Vereins ist die Verbesserung der sozialen, kulturellen und wirtschaftlichen Lage der Studierenden der Lüneburger Hochschulen. Der

Verein lebt vom Engagement seiner studentischen Mitglieder und der vielen studentischen MitarbeiterInnen. Im Laufe der Jahre wurden weitere Projekte angestoßen und verwirklicht. Mit dem Umbau einer ehemaligen Sporthalle der Kaserne zur Vamos! Kulturhalle bereichert der Verein seit 1994 das kulturelle Leben der Studierenden. In der Bibliothek wurde 1997 das Café Viva eröffnet.

Um weitere Dienstleistungen für die Studierenden und die Hochschulen anbieten zu können, wurde die Campus Management GmbH gegründet. In ihr entwickelt sich der Gedanke des Campus Projektes weiter. Ziel war und ist, mit wenig Mitteln viel auf die Beine zu stellen und das mit ökologischem und sozialem Anspruch.

Schon die Wohnheime wurden weitestgehend ökologisch umgebaut. Mit geölten Holzfußböden, fair gehandelten Kokosteppichen und Fliesenkunst im Bad lässt es sich heute zu günstigen Preisen gesund, schön und ökologisch wohnen. Alle Häuser haben einen Garten, der von den MieterInnen gern als Grillplatz oder Kinderspielplatz genutzt wird. In den hauseigenen „Kellerquellen" können die MieterInnen neben konventionellen auch Getränke aus ökoligschem Anbau kaufen. In den Gastrobetrieben wird ausschließlich fair gehandelter Tee und Kaffee angeboten, alle anderen Produkte werden, soweit es die Wirtschaftlichkeit zulässt, auch durch ökologische Komponenten ergänzt.

In der GmbH kann der ökologische Gedanke in den Bereichen CampusBau, CampusEnergie und CampusMobil weiter ausgebaut werden. Für den Bereich CampusBau wurden bauökologische Leitlinien erarbeitet. So wird auch das künftige Campus Center mit ökologischen Materialien umgebaut und mit einer Regenwassernutzungsanlage ausgestattet. CampusEnergie bemüht sich ergänzend um die Verwirklichung einer 65kVpeak Photovoltaikanlage auf dem Dach des Campus Centers. Für die Wohnheime wird eine hocheffiziente Wärmeversorgung mit Hilfe von Brennwertkesseln realisiert. Zusätzlich wird ein Blockheizkraftwerk mit einer Leistung von 70 000 kWh im Jahr für die zusätzliche Strom- und Wärmeversorgung der Wohnheime betrieben.

Mit einem innovativen Konzept möchte CampusMobil das Car-Sharing voranzutreiben. Schon nach sieben Monaten konnten 100 NutzerInnen gewonnen werden. Die zwei Buchungsterminals und Autostationen befinden sich direkt bei den Wohnheimen. Die Autos können bequem über das Internet oder über die rund um die Uhr zur Verfügung stehenden Buchungscomputer ausgeliehen werden. Langfristig ist das Ziel aller Car-Sharing Projekte die Senkung von Umweltbelastungen durch den Individualverkehr. Fahrzeuge werden von vielen Personen genutzt und ermöglichen so individuelle Mobilität ohne ein eigenes Auto. Als Ergänzung zum ÖPNV kann Mobilität ökologisch optimiert werden. Das CampusMobil macht den MieterInnen der Campus-Wohnheime so das Angebot, auf ein eigenes Auto von Studienbeginn an zu verzichten. Die NutzerInnen des CampusMobils sollen erfahren, das Car-Sharing nicht kompliziert und mit hohem organisatorischen Aufwand verbunden ist. Mit den innovativen Buchungsmöglichkeiten und der Information über die ökologischen und ökonomischen Vorteile des Car-Sharings konnten nicht nur die MieterInnen überzeugt werden, sodass das CampusMobil jetzt für alle LüneburgerInnen zur Verfügung steht.

Die junge GmbH wird ihr Dienstleistungsangebot für die Hochschulen und die Studierenden weiter ausbauen. Verein und GmbH sind einbezogen in den Öko-Audit Prozess der Universität Lüneburg im Rahmen des Projekts „Agenda 21 und Uni Lüneburg" (vgl. Michelsen 2000). In diesem Prozess können die ökologischen Zielsetzungen und der organisatorische Rahmen weiterentwickelt werden.

Das Projekt lebt von vielen Engagierten, die es in die wachsenden Geschäftsfelder des Vereins und der GmbH einzubinden gilt. Der soziale Anspruch des Projektes ist deshalb facettenreich. Herzstück des Projektes sind vor allem die zahlreichen Partizipations- und Einflussmöglichkeiten der Studierenden. Alle wesentlichen Entscheidungen werden von der Mitgliederversammlung des Vereins beschlossen, die Organisationsstrukturen bieten den Studierenden verantwortungsvolle Arbeitsbereiche und Freiräume. Die Zusammenführung einer wirtschaftlich erfolgreichen und effizienten Geschäftstätigkeit mit einer breiten Partizipation sind eine Herausforderung für alle MitarbeiterInnen.

Den Studierenden bieten sich attraktive und flexible Arbeitsmöglichkeiten neben dem Studium. Für Studierende mit Kindern wurden in den Wohnheimen 12 Familienwohnungen geschaffen. In einigen WGs der Wohnheime sind Zimmer für Austauschstudierende reserviert, die auch durch eine eigene Wohnheimverwaltung betreut werden. Weiterhin gibt es hier Platz für den studentisch organisierten Kindergarten „Die Zwerge" und einen Kindergarten der Lebenshilfe Lüneburg. Mit der Vamos! Kulturhalle wurde ein Kultur- und Kommunikationsort geschaffen, in dem Studierende ihre Kreativität und ihre kulturellen Bedürfnisse ausleben können. Neben Partys und Konzerten werden hier Kulturveranstaltungen von Studierenden für Studierende organisiert. Die studentisch organisierte Kultur vermochte auch eine Brücke zu schlagen zu den Bürgerinnen und Bürgern Lüneburgs.

Der soziale und ökologische Anspruch des Projektes sind immer konfrontiert mit den wirtschaftlichen Grenzen, die ihm gesetzt sind. Die vielen studentischen MitarbeiterInnen und die zum Teil ehrenamtlich geleistete Arbeit ermöglichen es, die Zielsetzungen kostengünstig zu verwirklichen. Besondere Herausforderung für das wachsende Projekt bleibt es, die tatsächlichen sozialen, kulturellen und wirtschaftlichen Bedürfnisse der Studierenden weiter zu fördern und ihren Einfluss zu gewährleisten.

**Literatur**

Michelsen, G. (Hrsg., 2000): Sustainable University. Auf dem Weg zu einem universitären Agendaprozess. Frankfurt a. M.

Ulf Schrader

# MIETERMOBIL – Car-Sharing für Studierende Zielgruppenanforderungen und Nachhaltigkeitswirkungen

Die Suche nach neuen Mobilitätsmustern bildet ein Zentrum der Diskussion um nachhaltigen Konsum. Mobilität wird in Deutschland dominiert durch die Autonutzung – mit den bekannten umwelt- und verkehrspolitischen Folgen (z.B. UBA 1997). Trotz partiell vorhandener Alternativen zum Auto wird es auch in Zukunft zahlreiche Nutzungswünsche geben, für die der motorisierte Individualverkehr die beste Erfüllung darstellt. Deshalb sind Konzepte erforderlich, wie das Auto in eine nachhaltige Entwicklung von Wirtschaft und Gesellschaft eingepasst werden kann. Vorhandene Vorschläge zu einer Ökologisierung des Autos beschränken sich nicht auf technische Lösungen wie alternative Antriebe oder das 3-Liter-Auto, sondern beziehen sich auch auf soziale Innovationen für eine effizientere Nutzung des Fahrzeugs. Zu diesen sozialen Innovationen gehört auch das Car-Sharing, das insbesondere seit Mitte der 1990er Jahre verstärkt diskutiert und praktiziert wird.

Das Car-Sharing auch in der Lebenswelt Hochschule zu etablieren, ist ein Kernziel des Projektes MIETERMOBIL, das seit Ende 1999 an der Universität Hannover durchgeführt wird. Im Mittelpunkt steht dabei eine wohnanlagenbezogene Car-Sharing-Dienstleistung, die in einer Kooperation des Studentenwerkes Hannover mit der Volkswagen AG in einem hannoverschen Studierendenwohnheim angeboten wird und für die der Lehrstuhl Marketing I: Markt und Konsum (*muk*) der Universität Hannover die Begleitforschung übernommen hat. Im Folgenden werden zunächst Grundprinzip und Funktionsweise des Car-

Sharing allgemein dargestellt, um darauf aufbauend die Spezifika des MIETERMOBIL-Projektes zu erläutern. Daran schließt sich die Präsentation von Befragungsergebnissen an, die über Nutzungsintentionen und Nutzungsgründe hannoverscher Studierender Auskunft geben. Am Ende steht die Frage, ob diese konkrete Ausformung des Car-Sharing, speziell für die Zielgruppe Studierende und mit Beteiligung eines Autoherstellers, überhaupt Wirkungen in Richtung Nachhaltigkeit erzeugen kann.

## Car-Sharing – Musterbeispiel ökologischer Dienstleistungen

Car-Sharing in Deutschland ist eine anhaltende Erfolgsstory mit hohen Wachstumsraten – wenn auch auf niedrigem Niveau.[12] Erst 1988 wurde mit dem StattAuto Berlin die erste deutsche Car-Sharing Organisation (CSO) gegründet – inzwischen gibt es über 80 CSOs, die in über 200 Städten und Gemeinden Car-Sharing für mehr als 30 000 Nutzer anbieten (Herbst 1999). Schätzungen des zukünftigen Marktpotentials reichen bis zu 7,6 Mio. potentiellen Nutzern (Frick et al. 1998, S. 109). Auch wenn diese Zahl fragwürdig ist,[13] zeigt allein die gegenwärtige Situation in der Schweiz, die bei einem Zehntel der Bevölkerungsgröße in etwa ebenso viele Car-Sharer besitzt wie die Bundesrepublik Deutschland (Shaheen et al. 1999), das große Wachstumspotential dieser Mobilitätsdienstleistung.

---

12 Vgl. zur Geschichte des Car-Sharing in Deutschland und der Schweiz: Petersen 1995; Harms/Truffer 1998.
13 Frick et al. (1998) ermittelten diese Zahl mit *einer* Frage in persönlichen Interviews. Dabei wurde zunächst mit z.T. diskussionswürdigen Angaben das Konzept präsentiert (z.B.: „Dieses Vermietangebot ist unter 7000 km Fahrleistung pro Jahr und pro Auto deutlich kostengünstiger als ein eigenes bzw. zusätzliches Auto – und die Mobilität per Auto ist gesichert") um die Befragten dann zwischen zwei Antwortmöglichkeiten wählen zu lassen: „a) Würde ich gerne in Anspruch nehmen", „b) Ist für mich nicht interessant". 18,8 % der Befragten entschieden sich für Alternative a), woraus dann ein an der Gesamtzahl der deutschen Führerscheinbesitzer orientiertes Marktpotential von „deutlich über 7,6 Millionen Menschen" (Frick et al. 1998, S. 109) berechnet wurde.

Besondere Beachtung findet das Car-Sharing in Wissenschaft und Öffentlichkeit u. a. wegen seiner Ökologisierungswirkungen. Car-Sharing gehört zu den ökologischen Dienstleistungen, die den Nutzern „Konsum ohne Eigentum" ermöglichen (vgl. z. B. Hockerts 1995; Bierter et al. 1996; Hansen/Schrader 1997; Scholl et al. 1998; Stahel 1998; Behrendt et al. 1999; Belz 1999; Schrader 1999). Anbieter verkaufen dabei nicht mehr materielle Produkte, sondern deren Leistungen – also hier: Personenkilometer statt Autos. Nachfragern ökologischer Dienstleistung geht es primär um die Nutzung, weniger um den Besitz eines Produktes. Eine derartige Verschiebung des Produkteigentums vom Nachfrager auf den Anbieter führt zu verschiedenen Ökologisierungsanreizen, die sich am Beispiel des Car-Sharing exemplarisch aufzeigen lassen:

1. *Erhöhte Effizienz durch Nutzungsintensivierung*: Der Dienstleistungsanbieter hat ein besonderes Interesse daran, dass seine Produkte intensiv genutzt werden, denn nur dann verdient er Geld. Das Potential zur Nutzungsintensivierung bei privat genutzten Pkw wird deutlich, wenn man bedenkt, dass diese mehr als 97 % ihrer Lebenszeit als „Stehzeuge" ungenutzt auf Parkplätzen und Stellflächen verbringen (VDV/Socialdata 1991, S. 21). Aufgrund der intensiveren Nutzung beim Car-Sharing werden durch jedes geteilte Auto im Schnittbestand ca. zehn Privatwagen abgeschafft bzw. nicht angeschafft (z. B. Baum/Pesch 1994). In gleichem Maße sinkt der Fahrzeugbestand – der freiwerdende Stellplatz kann z. B. für Spielplätze oder Grünanlagen verwendet werden. Durch die intensivere Nutzung der verbleibenden geteilten Autos, beschleunigt sich hier der Ersatzbedarf – und damit die Möglichkeit, eher auf innovative, verbrauchs- und schadstoffärmere neue Fahrzeuge zurückgreifen zu können.

2. *Erhöhte Suffizienz durch Kostentransparenz*: Während Autoeigentümer bei einer Entscheidung für oder gegen eine Autonutzung häufig nur die sogenannten variablen Kosten (u. a. für Benzin) berücksichtigen, sind Car-Sharing Nutzer mit den Gesamtkosten der Autonutzung konfrontiert. Alle Kosten, z. B. auch für Wertverlust, Versicherung, Steuern und Wartung, werden auf die gefahrenen

Stunden und Kilometer umgelegt. Bei Nutzungskosten von etwa DM 3,50 pro Stunde und 50 Pf. pro Kilometer stellt sich das Auto jedoch im Vergleich zum öffentlichen Verkehr in vielen Fällen als teurere Alternative heraus, sodass Car-Sharing-Nutzer i.d.R. ihr Mobilitätsverhalten ändern und stärker Verkehrsmittel des sogenannten Umweltverbundes (Fahrrad, Bus, Bahn) in Anspruch nehmen.[14]

Wären die Anbieter über den gesamten Lebenszyklus hinweg Produkteigentümer, ergäben sich zudem Anreize zur Konstruktion besonders *langlebiger* und *kreislaufgerechter* Automobile, denn so könnten sie die Einnahmen durch Nutzungsverkauf erhöhen und gleichzeitig die Kosten für Entsorgung und Rohstoffe senken (vgl. z.B. Stahel 1998).

Angesichts der genannten Wirkungen ist es nicht verwunderlich, dass Car-Sharing bisher primär von ökologisch orientierten Vereinen angeboten wurde. In den letzten Jahren ist hier eine zunehmende Professionalisierung festzustellen, die sich ausdrückt im Wandel der Rechtsform größerer CSOs, weg vom Verein, hin zur GmbH bzw. zur AG (Herbst 1999), in verstärkten Kooperationen von CSOs mit kommerziellen Mobilitätsanbietern sowie – neuerdings – in der Entwicklung eigenständiger Car-Sharing Angebote durch Automobilhersteller. In Deutschland hat sich dabei insbesondere die Volkswagen AG durch die Entwicklung der Car-Sharing-Dienstleistung MIETERMOBIL hervorgetan.

### Das MIETERMOBIL-Projekt – Car-Sharing einmal anders

Ausgangspunkt des MIETERMOBIL-Projektes war ein von der Deutschen Bundesstiftung Umwelt gefördertes Forschungsprojekt, in dem von

---

14 Empirische Untersuchungen zeigen Reduktionen an gefahrenen Autokilometern von über 30% auf (z.B. Baum/Pesch 1994; Meijkamp 1998) – wobei auch diejenigen berücksichtigt sind, die vor ihrer Car-Sharing Mitgliedschaft kein eigenes Auto besaßen.

Mitte 1997 bis Mitte 2000 allgemein Formen des Konsums ohne Eigentum auf ihre Realisierbarkeit hin überprüft – und wenn möglich – beispielhaft umgesetzt werden sollten. Unter Berücksichtigung spezifischer Umsetzungshemmnisse im Konsumgüterbereich (Schrader/ Einert 1998) wurde dabei wohnanlagenbezogenes Car-Sharing als eine der wenigen eigentumsersetzenden Dienstleistungen identifiziert, die auch unter gegebenen Rahmenbedingungen ein hohes Wachstumspotential haben könnten. Überlegungen, welcher Akteur bei einer Ausweitung des Car-Sharings mithelfen könnte, führten bereits 1998 zu Kontakten mit Volkswagen. Die Forschungsabteilung von Volkswagen AG hatte bereits seit 1996 in insgesamt vier Pilotprojekten Erfahrungen mit dem wohnanlagenbezogenen Teilen von Fahrzeugen gemacht. Der Aussagekraft dieser Projekte war jedoch begrenzt, da jeweils ein umfangreicher Fahrzeugpark zu nicht kostendeckenden Preisen angeboten wurde, sodass eine Quersubventionierung von vornherein einkalkuliert war. 1999 übernahm die Vertriebsabteilung das nun MIETERMOBIL genannte Projekt mit der Maßgabe, eine profitable bzw. zumindest kostendeckende Mobilitätsdienstleistung mit einem eigenständigen MIETERMOBIL-Buchungssystem zu entwickeln. In Kooperation mit *muk* wurde bald ein Studierendenwohnheim als ein geeignetes Umsetzungsobjekt identifiziert[15] und Mitte 1999 Kontakt zum Studentenwerk Hannover aufgenommen, das sofort Kooperationsbereitschaft zeigte. Im November fanden dann verschiedene Diskussionsrunden in zwei Studierendenwohnheimen statt, von denen eines zur Umsetzung im Rahmen des Pilotprojektes ausgewählt werden sollte. Die Reaktionen der Studierenden waren dabei grundsätzlich sehr positiv: die Beteiligung eines Automobilherstellers wurde nicht kritisiert, Kontroversen entzündeten sich nur an Spezialproblemen der Ausgestaltung. Unter starker Mithilfe der Heim-Selbstverwaltungen fand dann im Dezember eine schriftliche Befragung in den beiden

---

15 Parallel zu dem Umsetzungsprojekt, über das hier berichtet wird, führt Volkswagen unter Beteiligung von *muk* ein zweites, ähnlich gelagertes Pilotprojekt in der hannoverschen EXPO-Siedlung Kronsberg durch. Die Bewohner der dort berücksichtigten Wohnanlage entsprechen einem breiten Bevölkerungsquerschnitt – MIETERMOBIL ist also keinesfalls auf Studierende beschränkt.

# Mietermobil – Car-Sharing für Studierende — 145

Wohnheimen statt, um so eine Datengrundlage für die Auswahl eines Wohnheimes und die genaue Ausgestaltung des MIETERMOBIL-Angebotes zu bekommen. Darüber hinaus diente die Befragung auch der allgemeinen Konsumentenverhaltensforschung im Bereich ökologischer Dienstleistungen.[16]

Das schließlich ausgewählte Wohnheim hat 363 Bewohner, die seit dem 1. Mai 2000 einen 3-Liter-Lupo, einen Polo-Variant und einen Sharan nutzen können. Die Nutzungspreise liegen mit DM 4 pro Stunde und 40 Pf pro Kilometer in etwa im Bereich des traditionellen Car-Sharing – andere Merkmale weichen jedoch stark davon ab:

- Die Fahrzeuge stehen direkt vor der Haustür, der bisher meist notwendige Weg zum Stellplatz entfällt.
- Nutzungsberechtigt sind alle Hausbewohner, ohne dass diese – wie im traditionellen Car-Sharing üblich – zuvor eine Einlage (i.d.R. ca. DM 1000) hätten tätigen oder einem Verein beitreten müssen.
- Buchung und Schlüsselübergabe erfolgen über ein automatisches Buchungsterminal, an dem sich der Nutzer mit seiner EC-Karte identifiziert. Während der Nutzung speichert der Schlüssel als Data-Key mit Hilfe eines Bord-Computers Nutzungsdauer und Entfernung. Nach der Fahrt wird der Data-Key zurück in das Buchungsterminal gelegt und es erfolgt die automatische Abrechnung über die EC-Karte. Telefonische Vorbestellung und schriftliche Abrechnung sind nicht mehr nötig, wodurch sowohl auf Anbieter- als auch auf Nachfragerseite Transaktionskosten eingespart werden können.

Dieses Modell wird laufend hinsichtlich Akzeptanz und Kostendeckung evaluiert, um auf dieser Grundlage nach zwei Jahren eine Entscheidung über Projektabbruch oder dauerhaften Betrieb fällen zu können.

---

16 Die Konzeption der Befragung sowie Dateneingabe und -auswertung wurden im Rahmen eines Marktforschungspraktikums von *muk* durchgeführt, so dass das Projekt auch eine Thematisierung des Themen Car-Sharing und ökologische Dienstleistungen im Rahmen universitärer Lehrveranstaltungen mit sich gebracht hat.

Die Ziele, die die beteiligten Kooperationspartner mit diesem Projekt verbinden, sind vielfältig. Volkswagen geht es primär um den Test einer neuen Mobilitätsdienstleistung. Sollte diese gewinnbringend oder zumindest kostendeckend betrieben werden können, soll sie langfristig in das Leistungsprogramm der Volkswagen-Vertragshändler aufgenommen werden. Darüber hinaus wird in der Ansprache der Zielgruppe Studierende auch ein Instrument der Markenbindung gesehen: Wer während des Studiums mit geteilten Volkswagen gute Erfahrungen gemacht hat, wird später ggf. eher einen Volkswagen kaufen, wenn er ein eigenes Fahrzeug benötigt. Da Studierende als Neuwagenkunden allenfalls eine geringe Rolle spielen, werden durch MIETERMOBIL auch kaum sogenannte Kannibalismuseffekte in Hinblick auf den Fahrzeugabsatz befürchtet.[17] Ökologische Aspekte spielen für Volkswagen eine eher untergeordnete Rolle, jedoch werden positive Wirkungen hinsichtlich eines Images als innovativer Mobilitätsdienstleister erhofft. Das Interesse des Studentenwerks liegt v.a. darin, ihren Mietern mit dieser zusätzlichen Dienstleistung erhöhten Wohnkomfort zu bieten. Auch wenn Leerstände in hannoverschen Studentenwohnheimen derzeit kein Problem darstellen, so besteht doch das Ziel, die Mieterbindung zu erhöhen und so die Fluktuationsrate zu reduzieren. MIETERMOBIL ist in diesem Zusammenhang eine relativ risikolose Maßnahme, da sich Volkswagen verpflichtet hat, evtl. entstehende Verluste in den ersten beiden Jahren zu übernehmen. Für *muk* besteht die Kooperationsmotivation u.a. darin, in dem wissenschaftlich viel diskutierten, jedoch im Markt noch eher unbedeutenden Feld ökologischer Dienstleistungen ein praktisches Anwendungsbeispiel anstoßen und untersuchen zu können. In diesem Zusammenhang ist u.a. die Möglichkeit interessant, Daten vor, während und nach der Nutzungsphase erheben zu können, sodass eine Zeitreihenuntersuchung möglich wird, die valide Aussagen zum Zusammenhang von Nutzungsintention und tatsächlichem Nutzungsverhalten zulässt.

---

17 Vgl. zum Problem der Kannibalismuseffekte durch Car-Sharing-Angebote von Automobilherstellern Johnson et al. 1998, S. 171.

## Nutzungswünsche und Nutzungsgründe – Ergebnisse einer Bewohnerbefragung

Von den 856 Bewohnern der beiden hannoverschen Studierendenwohnheime, die im Dezember 1999 einen Fragebogen zu der geplanten Einführung des MIETERMOBILS erhielten, beteiligten sich 385 (= 45 %) an dieser schriftlichen Befragung. 91 % dieser Befragten besitzen einen Führerschein und gehören damit zur Zielgruppe der Dienstleistung MIETERMOBIL. Von allen Befragten wollen 67 % MIETERMOBIL mindestens einmal monatlich nutzen. Diese potentiellen Nutzer gaben im Durchschnitt eine Nutzungshäufigkeit von fünfmal monatlich an, wobei die durchschnittliche Nutzungsdauer ca. vier Stunden betragen soll. Würden diese angegebenen Nutzungsintentionen tatsächlich umgesetzt, ließen sich in beiden untersuchten Wohnheimen an die zehn Fahrzeuge kostendeckend betreiben. Angesichts bisheriger Erfahrungen mit wohnanlagenbezogenem Car-Sharing sind diese Angaben jedoch als unrealistisch hoch einzuschätzen. Dennoch zeigen sie das große Interesse unter Studierenden an dieser Dienstleistung und lassen das Pilotprojekt erfolgversprechend erscheinen. Interessanter als die „nackten" Zahlen sind aus wissenschaftlicher Perspektive jedoch die Gründe für oder gegen eine Nutzungsintention. Kennt man diese, lassen sich die Zielgruppenfindung und -bearbeitung daran ausrichten und so die Befriedigung der Nutzerbedürfnisse und der Erfolg der Dienstleistung verbessern. Eine Analyse dieser Gründe orientiert sich an dem in Abbildung 1 dargestellten Untersuchungsmodell.

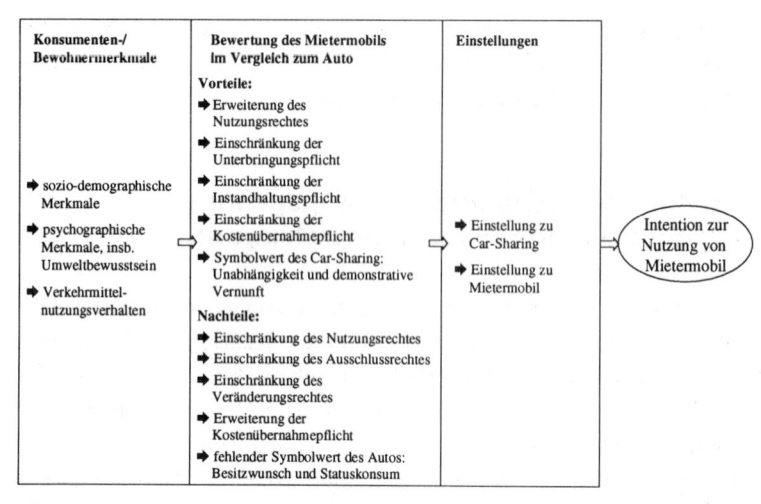

| Konsumenten-/ Bewohnermerkmale | Bewertung des Mietermobils im Vergleich zum Auto | Einstellungen | |
|---|---|---|---|
| ➡ sozio-demographische Merkmale<br>➡ psychographische Merkmale, insb. Umweltbewusstsein<br>➡ Verkehrmittel-nutzungsverhalten | **Vorteile:**<br>➡ Erweiterung des Nutzungsrechtes<br>➡ Einschränkung der Unterbringungspflicht<br>➡ Einschränkung der Instandhaltungspflicht<br>➡ Einschränkung der Kostenübernahmepflicht<br>➡ Symbolwert des Car-Sharing: Unabhängigkeit und demonstrative Vernunft<br>**Nachteile:**<br>➡ Einschränkung des Nutzungsrechtes<br>➡ Einschränkung des Ausschlussrechtes<br>➡ Einschränkung des Veränderungsrechtes<br>➡ Erweiterung der Kostenübernahmepflicht<br>➡ fehlender Symbolwert des Autos: Besitzwunsch und Statuskonsum | ➡ Einstellung zu Car-Sharing<br>➡ Einstellung zu Mietermobil | Intention zur Nutzung von Mietermobil |

*Abbildung 1: Untersuchungsmodell zu Gründen der Nutzungsintention*

In diesem vereinfachten Untersuchungsmodell, das vom konkreten Anwendungsfeld Studierendenwohnheim abstrahiert, wird davon ausgegangen, dass sich die Nutzungsintention durch Einstellungen gegenüber MIETERMOBIL, eine Bewertung im Vergleich zu einem eigenen Auto sowie verschiedene Konsumentenmerkmale erklären lässt. Die Ergebnisauswertung beschränkt sich im Folgenden auf direkte Einschätzung der Bedeutung der einzelnen Einflussfaktoren durch die Befragten sowie auf die Ermittlung des jeweiligen Zusammenhangs mit der Nutzungsintention mit Hilfe von Korrelationsanalysen; Interdependenzen innerhalb der Einflussfaktoren bleiben unberücksichtigt.

Die Nutzungsintention wurde hier über die Zahl der von den Befragten monatlich gewünschten Nutzungen operationalisiert.[18] Mit Aus-

---

18 Um Ausreißern kein Übergewicht zu verschaffen, wurden für die Auswertung fünf Kategorien gebildet: 1. Nicht-Nutzer (0 Nutzungen = 33 % der Befragten), 2. Gelegenheitsnutzer (1 Nutzung = 11 %), 3. Wenig-Nutzer (2–3 Nutzungen = 17 %); 4. Durchschnitts-Nutzer (4-6 Nutzungen = 21 %) und 5. Viel-Nutzer (7 und mehr Nutzungen = 18 %).

# Mietermobil – Car-Sharing für Studierende — 149

nahme des Verkehrsmittelnutzungsverhaltens und sozio-demographischer Angaben erfolgte die Messung aller weiteren Einflussvariablen mit Hilfe 5-stufiger Multi-Item-Skalen. Die einzelnen Items bestanden aus Aussagen, die von „trifft voll zu" bis „trifft gar nicht zu" bewertet werden konnten, wobei – dem Notensystem entsprechend – „trifft voll zu" mit 1 und „trifft gar nicht zu" mit 5 bewertet wurde. Die Bildung einer Variable erfolgte dann über Mittelwertbildung über alle berücksichtigten Items.

Abbildung 2 zeigt, dass die *Einstellungen* zum Car-Sharing, also die affektiven und kognitiven Bewertungen, recht positiv sind; in Bezug auf das MIETERMOBIL ist die Zustimmung sogar noch größer.[19]

|  | | Einfluss auf Nutzungsintenion |
|---|---|---|
| Einstellung zum Car-Sharing | 2,3 | R=0,39 p<0,001 |
| Einstellung zum Mietermobil | 2,0 | R=0,45 p<0,001 |

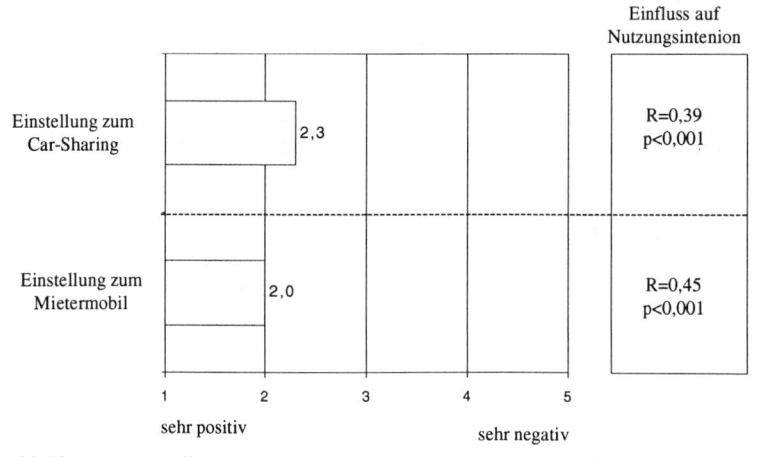

1  sehr positiv    2    3    4    5  sehr negativ

*Abbildung 2: Einstellungen zu Car-Sharing und MIETERMOBIL und deren Einfluss auf die Nutzungsintention*[20]

---

19  Zur Operationalisierung der Einstellung vgl. Anhang.
20  Die Daten zum Einfluss auf die Nutzungsintention sind wie folgt zu interpretieren: R stellt den Pearson'schen Korrelationskoeffizienten dar; je größer dessen Betrag, um so stärker der Zusammenhang zwischen der untersuchten Variable und der Nutzungsintention. p bezeichnet dass Signifikanzniveau; ab einem Wert von p<0,05 kann von einem signifikanten Zusammenhang gesprochen werden; je kleiner p, um so geringer ist die Irrtumswahrscheinlichkeit.

In beiden Bereichen besteht ein hoch signifikanter, stark positiver Zusammenhang zwischen der Einstellungsbewertung und der Höhe der Nutzungsintention. MIETERMOBIL wird offensichtlich gerade von Befürwortern des klassischen Car-Sharing für ein attraktives Angebot gehalten.

Die *Bewertung der Vor- und Nachteile des MIETERMOBIL* wurde primär über Verfügungsrechte strukturiert, wie sie aus der Property-Rights-Theorie bekannt sind. Dort wird Eigentum als ein Bündel an Rechten gesehen, wobei insbesondere Nutzungs-, Ausschluss-, Veränderungs-, Veräußerungs- und Gewinnaneignungsrecht unterschieden werden (vgl. z. B. Silver 1989). Während der Autoeigentümer über all diese Rechte verfügt, steht dem Nutzer des MIETERMOBILs letztlich nur ein zeitlich und sachlich beschränktes Nutzungsrecht zu (Bierter et al. 1996).[21] Dabei kann insbesondere die Einschränkung von Ausschluss- und Veränderungsrecht als nachteilig wahrgenommen werden. Als weiterer Nachteil kommt hinzu, dass hier über den Preis auch Kosten für die Organisation der Nutzung oder für von anderen Nutzern verursachten Schäden zu tragen sind. Dafür ist der MIETERMOBIL-Nutzer jedoch von Pflichten wie Unterbringung bzw. Stellplatzsuche, Instandhaltung (Wartung, Pflege, Reparatur) und Übernahme von Kosten für Produktkauf und –besitz befreit, die der Autoeigentümer – spiegelbildlich zu seinen Rechten – zu tragen hat. Auch ist das Nutzungsrecht hier über ein einzelnes Fahrzeug hinaus auf einen ganzen Pool neuwertiger Fahrzeuge erweitert. Neben Verfügungsrechten und –pflichten kann auch der Symbolwert der jeweiligen Leistungen ein zentrales Beurteilungskriterium darstellen: Gerade im Bedürfnisfeld Automobilität hängt die Wahl von Leistungen nicht nur von funktionalen Überlegungen ab, sondern auch von dem Wunsch, dem angestrebten Selbst- und Fremdbild durch Autobesitz oder auch durch bewussten Autoverzicht zu entsprechen. Abbildung 3 zeigt in der Übersicht die Bewertung der Vor- und Nachteile, sowie deren Einfluss auf die Nutzungsintention.

---

21 Die sachliche Beschränkung des Nutzungsrechtes ergibt sich u. a. aus der Notwendigkeit zur Vorbuchung bei geplanter Nutzung, fehlender Zuteilungssicherheit bei Spontannutzung und der Pflicht zur Einhaltung von Rückgabeterminen.

# Mietermobil – Car-Sharing für Studierende — 151

| Vorteile von Mietermobil | | Einfluss auf Nutzungsintenion |
|---|---|---|
| Erweiterung des Nutzungsrechtes | 2,3 | R=0,14; p<0,01 |
| Wegfall der Unterbringungspflicht (Parkplatzsuche) | 2,7 | R=0,23; p<0,001 |
| Wegfall der Instandhaltungspflicht | 2,2 | R=0,21; p<0,001 |
| Einschränkung der Kostenübernahmepflicht | 1,8 | R=0,24; p<0,001 |
| Symbolwert des Mietermobil | 3,2 | R=0,43; p<0,001 |
| **Nachteile von Mietermobil** | | |
| Einschränkung des Nutzungsrechtes | 2,3 | R=-0,03; *p>0,1* |
| Einschränkung des Ausschlussrechtes | 2,8 | R=-0,14; p<0,05 |
| Einschränkung des Veränderungsrechtes | 3,5 | R=-0,09; *p>0,1* |
| Erweiterung der Kostenübernahmepflicht | 2,5 | R=-0,08; *p>0,1* |
| Wegfall des Symbolwertes des Autos | 3,9 | R=0,03; *p>0,1* |

 1    2    3    4    5
hohe Bedeutung   geringe Bedeutung

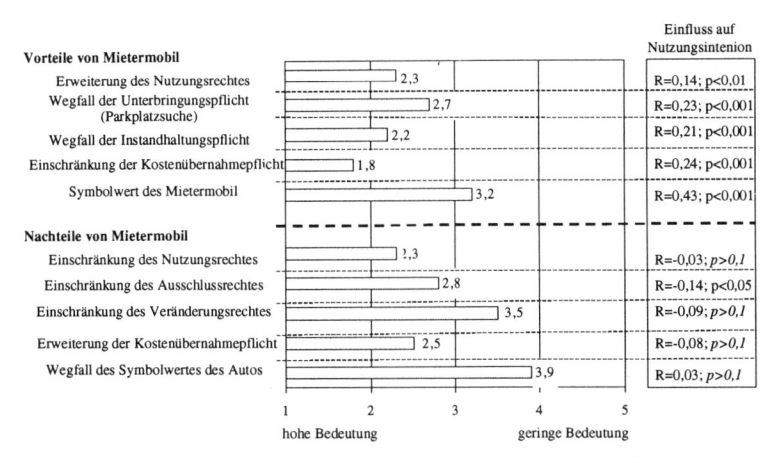

*Abbildung 3: Bewertung der Vor- und Nachteile von* MIETERMOBIL *und deren Einfluss auf die Nutzungsintention*[22]

Bei allen *Vorteilen* ist der Zusammenhang zwischen der Bewertung und der Nutzungsintention positiv und signifikant. Interessant ist, dass dem Symbolwert des MIETERMOBILs die geringste Wichtigkeit zugesprochen wird, während er gleichzeitig den höchsten Zusammenhang mit der Nutzungsintention aufweist. Dieses Ergebnis weist darauf hin, dass symbolische Leistungseigenschaften durchaus hohe Relevanz für Nutzungsentscheidungen besitzen, auch wenn dies von den Befragten selbst gar nicht so eingeschätzt wird. Die Befragten sehen in der Kosteneinsparungsmöglichkeit den zentralen Vorteil, aber auch der Wegfall der Instandhaltungspflicht und die Erweiterung des Nutzungsrechtes werden sehr positiv beurteilt. Die Entlastung von der Unterbringungspflicht weist eine nur leicht positive Bewertung auf, da zumindest vor einem der beiden berücksichtigten Wohnheime Stellplatzprobleme auch für Eigentümer bisher kaum existierten.

Die *Nachteile* des MIETERMOBILS werden im Vergleich zu den Vorteilen als weniger gravierend empfunden und weisen überwiegend nichtsignifikante Zusammenhänge mit der Nutzungsintention auf. Einzi-

---

22 Zur Operationalisierung der Vor- und Nachteile vgl. Anhang.

ge Ausnahme ist das Ausschlussrecht: Je stärker in Bezug auf das MIE-TERMOBIL die gemeinsame Nutzung mit anderen als Nachteil empfunden wird, um so geringer ist die Nutzungsintention. Im Durchschnitt eine relativ hohe Bedeutung kommt der Einschränkung des Nutzungsrechtes zu sowie der Erweiterung der Kostenübernahmepflicht. Als weniger relevant werden die Einschränkung des Veränderungsrechtes und der Symbolwert des Autos eingeschätzt. Der geringe Einfluss der relativen Nachteile auf die Nutzungsintention für MIETERMOBIL dürfte dabei weitgehend studierendenspezifisch sein. Im Vergleich zur Gesamtbevölkerung ist die Verfügbarkeit über ein Auto unter Studierenden relativ gering: Mit 58 % haben nur gut die Hälfte der Befragten auch ohne MIETERMOBIL regelmäßig Zugriff auf einen Pkw. Wer bisher nicht über einen Pkw verfügt, für den sind Nachteile von MIETERMOBIL im Vergleich zum Privatwagen nur schwer einzuschätzen. Zudem sind auch diejenigen Studierenden, die zumindest temporär zu den Autobesitzern gehören, zumeist Mitnutzer: Nur 17 % der Befragten steht ein Auto zur Verfügung, dass nicht regelmäßig auch von anderen benutzt wird. Insofern ist hier die Trennschärfe zwischen Merkmalen von MIETERMOBIL und eigenem Auto nicht so stark ausgeprägt, was die Bedeutung subjektiver Erfahrungen erhöht.

Studierendenspezifisch sind auch die *Konsumenten- bzw. Bewohnermerkmale*: Aufgrund der homogenen Zusammensetzung der Stichprobe, macht eine Untersuchung des Einflusses gängiger sozio-demographischer Merkmale wie Alter oder formale Bildung hier keinen Sinn. Als psychographisches Merkmal wurde das Umweltbewusstsein untersucht,[23] wobei zwar ein hohes Umweltbewusstsein, jedoch kein signifikanter Zusammenhang mit der Nutzungsintention festgestellt werden konnte.[24] Dieses Ergebnis steht im Widerspruch mit bisherigen Erkenntnissen der Car-Sharing-Forschung, wonach sich Car-Sharer durch ein überdurchschnittlich hohes Maß an Umweltorientierung auszeichnen (Vgl. Baum/Pesch 1994; Brandt 1995). Auch hier lässt

---

23 Zur Operationalisierung des Umweltbewusstseins vgl. Anhang.
24 Mittelwert 2,3 bei R=0,02 und p>0,1.

# Mietermobil – Car-Sharing für Studierende

sich wieder die besondere Situation von Studierenden anführen: Zumindest für die 42 % der Stichprobe, die ihre Mobilitätsbedürfnisse bisher grundsätzlich ohne Auto befriedigt haben, bedeutet der zeitlich begrenzte Umstieg auf ein MIETERMOBIL ökologisch keinen Fortschritt. Deutlich höheren Einfluss auf die Intention zur MIETERMOBIL-Nutzung hat das tatsächliche Mobilitätsverhalten (vgl. Abbildung 4).

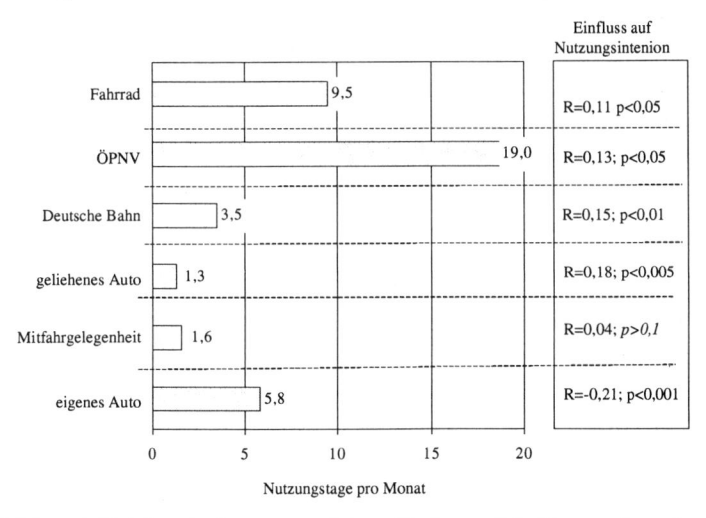

| Verkehrsmittel | Nutzungstage pro Monat | Einfluss auf Nutzungsintenion |
|---|---|---|
| Fahrrad | 9,5 | $R=0,11\ p<0,05$ |
| ÖPNV | 19,0 | $R=0,13;\ p<0,05$ |
| Deutsche Bahn | 3,5 | $R=0,15;\ p<0,01$ |
| geliehenes Auto | 1,3 | $R=0,18;\ p<0,005$ |
| Mitfahrgelegenheit | 1,6 | $R=0,04;\ p>0,1$ |
| eigenes Auto | 5,8 | $R=-0,21;\ p<0,001$ |

*Abbildung 4: Verkehrsmittelnutzung und deren Einfluss auf die Nutzungsintention*

Je häufiger die Befragten Fahrrad, ÖPNV, Deutsche Bahn, ein geliehenes Auto oder eine Mitfahrgelegenheit nutzen, um so höher ist ihre Nutzungsintention in Bezug auf das MIETERMOBIL. Häufige Nutzung des eigenen Autos wirkt sich hingegen negativ auf die Bereitschaft zur MIETERMOBIL-Nutzung aus. Damit bestätigen sich bisherige Erkenntnisse der Car-Sharing-Forschung, wonach die Verkehrsmittel des Umweltverbundes unter Car-Sharing-Nutzern überdurchschnittlich häufig in Anspruch genommen werden (vgl. z. B. Meijkamp 1998).

Zusammenfassend lässt sich sagen, das Studierende durchaus eine geeignete Zielgruppe für Car-Sharing im allgemeinen und MIETERMOBIL im besonderen darstellen. Stärker als die Bewertung relativer

Nachteile beeinflusst das Erkennen und die Wertschätzung der Vorteile von MIETERMOBIL die Nutzungsentscheidung, weshalb kommunikationspolitisch hier der Schwerpunkt gelegt werden sollte. Dabei sollte auf symbolische Aussagen wie demonstrative Vernunft und Freiheit vom verpflichtenden Eigentum besonderen Wert gelegt werden – auch wenn die Zielgruppe selbst diesen Aspekten direkt nur eine geringe Bedeutung zuspricht. Vielnutzer von Autos gehören – schon aus ökonomischen Gründen – nicht zur Kernzielgruppe des MIETERMOBILs, wohl aber gelegentliche Autofahrer. Auch für Vielnutzer von Fahrrad und öffentlichen Verkehrsmitteln ist MIETERMOBIL attraktiv, wobei zu verdeutlichen ist, dass es sich hier weniger um Konkurrenz, sondern vielmehr um eine Ergänzung des Mobilitätsangebotes handelt.

### MIETERMOBIL – nachhaltige Dienstleistung oder Einstiegsdroge in den motorisierten Individualverkehr?

Die Einordnung von MIETERMOBIL in eine Publikation zur nachhaltigen Entwicklung in der Lebenswelt Hochschule dürfte bei einige Lesern durchaus Widerspruch hervorrufen. Verträgt sich die von einem Automobilhersteller für Studierende organisierte Möglichkeit zur Nutzung von Autos mit den Zielen der Nachhaltigkeit?

Bereits dem klassischen Car-Sharing begegneten fundamentale Kritiker des Autos mit dem Vorwurf, es sei letztlich u. a. „Einstiegsdroge" (Wohltmann 1992) in den motorisierten Individualverkehr, da es auch den bisherigen Nicht-Auto-Besitzern den Zugriff auf den Pkw erleichtern würde. Alle empirischen Untersuchungen haben jedoch bisher gezeigt, das Car-Sharing auch unter Berücksichtigung vorheriger Nicht-Auto-Besitzer deutlich zur Reduktion des Autoverkehrs beiträgt.[25] Die

---

25 Vgl. z. B. Baum/Pesch 1994, S. 114 f. oder Meijkamp 1998, S. 257, nach dessen Untersuchung sogar vorherige Nicht-Auto-Besitzer, die zuvor mit von Freunden oder Autovermietungen geliehenen Fahrzeugen gefahren sind, nach ihrem Beitritt zu einer CSO ihre jährliche Kilometerleistung reduziert haben.

# Mietermobil – Car-Sharing für Studierende — 155

Frage ist nun, ob die Besonderheiten des MIETERMOBILS – der vereinfachte Zugang zu den Fahrzeugen, Studierende als Zielgruppe und die Beteiligung eines Automobilherstellers – den Umweltvorteil des Car-Sharing zunichte machen.

MIETERMOBIL vereinfacht im Vergleich zum traditionellen Car-Sharing den Zugriff auf das Fahrzeug: Fast wie bei einem eigenen Auto steht das Fahrzeug direkt vor der Tür und kann spontan genutzt werden – ohne Vereinsbeitritt, Beitragszahlungen, Einlagen oder Vorbuchungen. Ein solches Angebot führt möglicherweise dazu, dass MIETERMOBIL auch zu Fahrten eingesetzt wird, auf die ein „normaler" Car-Sharing-Nutzer eher verzichtet hätte. Allerdings sinkt durch die vereinfachte Nutzung des MIETERMOBILs nicht nur die Hemmschwelle für die einzelne Nutzung, sondern auch die Barriere, sich überhaupt auf Car-Sharing einzulassen. Personen, die angesichts der Unbequemlichkeiten des traditionellen Car-Sharing noch mit dem Verkauf bzw. Nicht-Kauf eines eigenen Autos gezögert haben, wird die Entscheidung für ein Gemeinschaftsauto nun erleichtert.[26] Haben sie sich dann für dieses System entschieden, sind sie – bei MIETERMOBIL ebenso wie beim traditionellen Car-Sharing – mit variabilisierten Vollkosten konfrontiert: Angesichts von Nutzungspreisen von ca. 4 DM pro Stunde und 40 Pf pro Kilometer wird sich ein MIETERMOBIL-Nutzer auch bei vereinfachtem Zugang in vielen Fällen gegen das Auto und für das Fahrrad oder öffentliche Verkehrsmittel entscheiden.

Fraglich ist allerdings, ob MIETERMOBIL unter Studierenden tatsächlich in hohem Maße zum Verkauf oder Nicht-Kauf von Autos führt. Studierende zeichnen sich durch eine vergleichsweise geringe Motorisierung aus, was sie – wie bereits in Zusammenhang mit Volkswagens Projektzielen ausgeführt wurde – aus Sicht eines Automobilherstellers

---

26 Nach einer empirischen Untersuchung von Baum/Pesch unter Car-Sharing-Interessierten, die sich nicht für eine Mitgliedschaft in einer CSO entscheiden konnten, gehören die mit MIETERMOBIL einhergehenden Zugangserleichterungen zu den entscheidenden Voraussetzungen einer zukünftigen Car-Sharing-Teilnahme (Baum/Pesch 1994, S. 160).

zu einer besonders interessanten Zielgruppe für das MIETERMOBIL macht. Die Umfrageergebnisse zeigen jedoch, dass 54 % – also die Mehrheit – der Studierenden, die eine MIETERMOBIL-Nutzung planen, bereits zuvor regelmäßigen Zugang zu Privatwagen hatte. Von diesen wollen allerdings nur 11 % bei einem MIETERMOBIL-Angebot ihr Fahrzeug abschaffen, was sich vermutlich u. a. darauf zurückführen lässt, dass viele Studierende als Mitnutzer (z. B. des Wagens der Eltern) nicht über die Abschaffung verfügen dürfen.[27] Unter den bisherigen Nicht-Besitzern, die sich am MIETERMOBIL beteiligen wollen, zogen 43 % in Erwägung, sich innerhalb des nächsten Jahres ein Auto zu kaufen – von denen wiederum 71 % aufgrund eines MIETERMOBIL-Angebotes zumindest vielleicht auf diesen Kauf verzichten wollen. Zu diesen Effekten, die eine Verringerung des Autoverkehrs erhoffen lassen, kommt noch hinzu, dass ehemalige Autobesitzer durch Car-Sharing i. d. R. deutlich mehr Kilometer einsparen, als neue Autofahrer durch Car-Sharing zusätzlich in Anspruch nehmen. Letztlich wird aber erst die Praxis zeigen, ob durch MIETERMOBIL tatsächlich Autokilometer eingespart werden konnten.

Außer den direkten ökologischen Entlastungseffekten interessieren bei der Etablierung neuer Dienstleistungsangebote an der Universität auch deren über die Lebenswelt Hochschule hinausgehende Wirkungen. Aus Sicht von Volkswagen geht es bei MIETERMOBIL u. a. um die Bindung von Studierenden an die Marke Volkswagen und damit langfristig um verbesserte Absatzzahlen. Die Prozesse, die zu einer solchen Markenbindung führen, können aber auch ein Gewöhnung an das Car-Sharing bewirken: Die Konfrontation mit dem organisierten Autoteilen in der „Hochschule als Erfahrungsraum für Nachhaltigkeit" (Stoltenberg 2000, S. 90) hat für Studierende gegebenenfalls zur Folge, dass die in Deutschland fast schon automatisierte Verknüpfung von Mobilität und eigenem Auto aufgebrochen wird oder gar nicht erst entsteht. Damit besteht die Chance, dass heutige MIETERMOBIL-Nutzer aufgrund po-

---

27  69 % der befragten Studierenden mit regelmäßigen Zugriff auf einen Privatwagen haben diesen nicht selbst bezahlt.

# Mietermobil – Car-Sharing für Studierende — 157

sitiver Erfahrungen auch dann noch bereit sind, auf ein eigenes Auto zu verzichten und Car-Sharing zu betreiben, wenn sie dies zumindest aus finanziellen Gründen gar nicht mehr nötig hätten. Wenn dann diejenigen, die trotz allem nicht auf das Auto verzichten können oder wollen, überproportional häufig Volkswagen kaufen, und damit diesen Hersteller im Angebot von Car-Sharing-Angeboten bestärken, ist dies ökologisch sicher nicht von Nachteil.

Nachhaltigkeit beschränkt sich jedoch nicht nur auf ökologische Aspekte. Es besteht Grund zu der Annahme, dass MIETERMOBIL für Studierende auch in sozialer Hinsicht positive Auswirkungen haben kann. Ein Zusatzangebot wie MIETERMOBIL trägt möglicherweise dazu bei, das soziale Zusammenleben unter Wohnheimbewohnern zu fördern. So gaben 30 % der von uns befragten Studierenden an, aufgrund eines MIETERMOBIL-Angebotes länger als ursprünglich geplant in ihrem Wohnheim wohnen bleiben zu wollen. Damit verbunden wäre ein Verringerung der Fluktuation, die wiederum förderlich ist für einen solidarischen Zusammenhalt in den selbst verwalteten Wohnheimen. Hinzu kommt, dass MIETERMOBIL gemeinsame Verantwortung erfordert und erlebbar macht: Nur wenn es durch Eigenverantwortung und soziale Kontrolle gelingt, dass sich alle Bewohner an die Vereinbarungen hinsichtlich Pünktlichkeit und Sauberkeit halten, kann ein solches Angebot funktionieren – dass ja offensichtlich von einer großen Mehrheit gewollt wird.

Letztlich ist MIETERMOBIL u. a. ein spannendes Experiment, auch in Hinblick auf ökonomische Nachhaltigkeit: Nur wenn es gelingt, funktionsfähige und profitable Alternativen zum Autoverkauf zu entwickeln, haben Autohersteller ein Interesse daran, sich zu zukunftsfähigen Mobilitätsdienstleistern weiterzuentwickeln und so zu einem nachhaltigen Konsum beizutragen – an der Universität und darüber hinaus.

## Literatur

Baum, H./Pesch, S. (1994): Untersuchung der Eignung von Car-Sharing im Hinblick auf Reduzierung von Stadtverkehrsproblemen – Schlußbericht, Forschungsbericht FE-Nr.70421/93 im Auftrag des Bundesverkehrsministers für Verkehr, Institut für Verkehrswirtschaft an der Universität zu Köln

Behrendt, S./Pfitzner, R./Kreibich, R. (1999): Wettbewerbsvorteile durch ökologische Dienstleistungen. Umsetzung in der Unternehmenspraxis. Berlin u.a.

Belz, F. (1999): Eco-Marketing 2005. Performance Sales instead of Product Sales. In: Charter M/Polonsky M (Hrsg.): Greener Marketing. A Global Perspective on Greening Marketing Practice, S. 84–94

Bierter, W./Stahel, W./Schmidt-Bleek, F. (1996): Öko-intelligente Produkte, Dienstleistungen und Arbeit, Wuppertal Spezial 2. Wuppertal

Brandt, E. (1995): Nutzungspotential und Zielgruppenanalyse für Car Sharing. Bremen

Frick, S./Diez, W./Reindl, S. (1998): Marktchancen für das Kfz-Gewerbe durch ökoeffiziente Dienstleistungen. Kilometer-Leasing als neuer Dienstleistungsbereich für Autohäuser und Werkstätten, Forschungsbericht Nr. 15/1998, Institut für Automobilwirtschaft. Geislingen/Steige

Hansen, U./Schrader, U. (1997): „Leistungs- statt Produktabsatz" für einen ökologischeren Konsum ohne Eigentum. In: Steger, U. (Hrsg.): Handbuch des integrierten Umweltmanagements. München, S. 87–110

Harms, S./Truffer, B. (1998): The Emergence of a Nation-wide Carsharing Co-operative in Switzerland. A case study for the project „Strategic Niche Management as a tool for Transition to a Sustainable Transportation System", Eidg. Anstalt für Wasserversorgung, Abwasserreinigung und Gewässerschutz. Zürich

Herbst, M. (1999): Der Status Quo beim Autoteilen. Branchen- und Marktstruktur – Entwicklungstendenzen – Partnerschaften, Vortragsskript für den Kongress „Erfolgreiche Partnerschaften im Verkehr – CarSharing als attraktive Ergänzung im intermodalen ÖPNV". Marburg

Hockerts, K. (1995): Konzeptualisierung ökologischer Dienstleistungen. Dienstleistungskonzepte als Element einer wirtschaftsökologisch effizienten Bedürfnisbefriedigung, IWÖ Diskussionspapier Nr. 29. Universität St. Gallen

Johnson, J./Herrmann, A./Huber, F. (1998): Growth Through Product-Sharing Services. In: Journal of Service Research, Vol. 1, No. 2, S. 167–177

Meijkamp, R. (1998): Die ökologischen Konsequenzen des Car-Sharing in der Praxis. In: Ö-Team (Hrsg.): Arbeit und Umwelt – Gegensatz oder Partnerschaft? Frankfurt a.M. u.a., S. 249–262

Petersen, M. (1995): Ökonomische Analyse des Car-Sharing. Wiesbaden

Scholl, G./Hirschl, B./Tibitanzl, F. (1998): Produkte länger und intensiver nutzen. Zur Systematisierung und ökologischen Beurteilung alternativer Nutzungskonzepte, Schriftenreihe des IÖW 134/98. Berlin

Schrader, U. (1999): Consumer Acceptance of Eco-efficient Services. A German Perspective. In: Greener Management International, Issue 25, Spring, S. 105–121

Schrader, U./Einert, D. (1998): Die Umsetzung des „Leistungs- statt Produktverkaufs" im Konsumgütersektor. In: Ö-Team (Hrsg.): Arbeit und Umwelt – Gegensatz oder Partnerschaft? Frankfurt a.M. u.a., S. 271–292

Shaheen, S./Sperling, D./Wagner, C. (1999): A Short History of Carsharing in the 90's. In: The Journal of World Transport Policy/Practice, Vol. 5, No. 3, S. 18–40

Silver, M. (1989): Foundations of Economic Justice. New York.

Stahel, W. (1998): Leistungs- statt Produktverkauf – Arbeit in einer zukunftsfähigen Gesellschaft. In: Ö-Team e.V. (Hrsg.): Arbeit und Umwelt – Gegensatz oder Partnerschaft? Frankfurt a.M. u.a., S. 213–229

Stoltenberg, U. (2000): Lebenswelt Hochschule als Erfahrungsraum für Nachhaltigkeit. In: Michelsen G. (Hrsg.): Sustainable University. Auf dem Weg zu einem universitären Agendaprozess. Frankfurt a.M., S. 90–116

UBA (1997): Nachhaltiges Deutschland. Wege zu einer dauerhaft umweltgerechten Entwicklung. Berlin

VDV/Socialdata (1991): Mobilität in Deutschland. Köln

Wohltmann, H. (1992): Gemeinschaftsauto – Einstiegsdroge oder Entwöhnungskur. In: ILS (Hrsg.): Autofreies Leben. Konzepte für die autoreduzierte Stadt. Dortmund, S. 22–24

## Anhang: Zur Operationalisierung der Einflussvariablen

**A. Einstellungen** (a=0,83[28] für Car-Sharing, a=0,85 für MIETERMOBIL)
1. „Car-Sharing/MIETERMOBIL finde ich modern und zeitgemäß."
2. „Über einen großen Erfolg von Car-Sharing/MIETERMOBIL wäre ich froh."
3. „Car-Sharing halte ich für ein sehr sinnvolles Angebot."
4. „Car-Sharing bietet im Vergleich zum eigenen Auto viele Vorteile."

**B. Bewertung des MIETERMOBILs im Vergleich zum Auto**
Vorteile:
Erweiterung des Nutzungsrechtes (a=0,76)
„Im Vergleich zu einem eigenen Auto ist es für mich ein großer Vorteil des MIETERMOBILs, dass ..."

---

28 Liegt Cronbachs a zwischen 0,6 und 0,95, kann von einer zufriedenstellenden Skalenreliabilität ausgegangen werden.

1. „... ich Zugriff auf verschiedene Fahrzeugtypen habe."
2. „...ich mit neuen Modellen fahren kann."

Einschränkung der Unterbringungspflicht:
„Im Vergleich zu einem eigenen Auto ist es für mich ein großer Vorteil des MIETERMOBILs, dass ich keinen eigenen Autostellplatz suchen muss."

Einschränkung der Instandhaltungspflicht (a=0,68)
„Im Vergleich zu einem eigenen Auto ist es für mich ein großer Vorteil des MIETERMOBILs, dass..."
1. „...ich mich nicht um Wartung, Pflege, Reparatur und Versicherung der Fahrzeuge kümmern muss."
2. „... mir viele Pflichten abgenommen werden."

Einschränkung der Kostenübernahmepflicht (a=0,75)
„Im Vergleich zu einem eigenen Auto ist es für mich ein großer Vorteil des MIETERMOBILs, dass..."
1. „...ich nur dann Geld für ein Auto ausgebe, wenn ich es auch wirklich nutze."
2. „...man sich zum Autofahren kein eigenes Auto kaufen muß."

Symbolwert des MIETERMOBIL (a=0,75)
1. „MIETERMOBIL passt zu meinem Lebensgefühl."
2. „MIETERMOBIL verschafft mir ein Stück Freiheit."
3. „Die Nutzung von MIETERMOBIL ist für mich ein Zeichen von Vernunft."
4. „Durch die MIETERMOBIL-Nutzung kann ich anderen zeigen, was für ein Typ ich bin."

**Nachteile:**
Einschränkung des Nutzungsrechtes (a=0,76)
„Im Vergleich zu einem eigenen Auto ist es für mich ein großer Nachteil des MIETERMOBILs, dass ..."
1. „... eine Vorbestellung erforderlich ist, wenn man ein Fahrzeug sicher bekommen will."

2. „...ich mich nicht 100%ig darauf verlassen kann, dass immer ein Fahrzeug da ist, wenn ich spontan eines brauche."
3. „dass ich die Fahrzeuge rechtzeitig zurückbringen muss, wenn jemand anderes vorgebucht hat."

Einschränkung des Ausschlussrechtes (a=0,42)
„Im Vergleich zu einem eigenen Auto ist es für mich ein großer Nachteil des MIETERMOBILS, dass ..."
1. „... auch andere Menschen die Autos nutzen können."
2. „... andere Nutzer die Fahrzeuge möglicherweise dreckig zurückgeben."

Einschränkung des Veränderungsrechtes (a=0,55)
„Im Vergleich zu einem eigenen Auto ist es für mich ein großer Nachteil des MIETERMOBILS, dass ..."
1. „... ich meine persönlichen Sachen (z.B. Kassetten, Schirm und anderes) nach Ende der Fahrt immer aus dem Auto herausnehmen muss."
2. „... ich Sitz und Spiegel vor Antritt der Fahrt erst auf mich einstellen muss."

Erweiterung der Kostenübernahmepflicht (a=0,59)
„Im Vergleich zu einem eigenen Auto ist es für mich ein großer Nachteil des MIETERMOBILS, dass ..."
1. „...man viel Geld zahlen muss, wenn man die Autos viel und lange benötigt."
2. „... im Nutzungspreis eventuell auch Kosten enthalten sind, die durch unsachgemäße Nutzung anderer entstehen."

fehlender Symbolwert des Autos (a=0,72)
hier indirekt operationalisiert über den Symbolwert des Autos; je höher dieser ist, um so bedeutsamer sein Fehlen.
1. „Ein eigenes Auto ist für mich ein reiner Gebrauchsgegenstand." (invertiert)
2. „Ein eigenes Auto ist mehr als nur ein Fortbewegungsmittel."

# Mietermobil – Car-Sharing für Studierende

3. „Ein eigenes Auto ist ein Statussymbol."
4. „Ohne eigenes Auto bin ich nur ein halber Mensch."
5. „Mit dem eigenen Auto kann man auch zeigen, dass man im Leben Erfolg hat."
6. „Mit einem Auto kann ich anderen zeigen, was für ein Typ ich bin."

## C. Konsumenten-/Bewohnermerkmale

**Umweltbewusstsein**
1. kognitive Komponente: „Das Umweltproblem wird in seiner Bedeutung von vielen Umweltschützern stark übertrieben." (invertiert)
2. affektive Komponente: „Ich habe Angst, dass wir auf eine Umweltkatastrophe zusteuern, wenn wir so weitermachen wie bisher."
3. intentionale Komponente: „Ich bin nicht bereit, zugunsten der Umwelt meinen Lebensstandard einzuschränken." (invertiert)

Cronbachs α betrug hier nur 0,31, was jedoch zu erwarten war, da hier drei heterogene Komponenten zusammengefasst wurden.

Ulrich Hellfritz

# Über Regionalisierung, Produkte aus der sogenannten „Dritten Welt" und die Unwahrheit über den wirklichen Preis

Nachhaltigkeit und Konsum kommen immer wieder miteinander in Konflikt. Die Rückbesinnung auf einige Grundwerte und auf den „normalen Menschenverstand" kann die Gratwanderung erleichtern. An vier Produkten des täglichen Gebrauchs sollen einige Zusammenhänge deutlich gemacht werden. Die vier Produkte sind Kartoffeln, Wein, Kaffee und Aluminiumfolie.

## Kartoffeln aus Ägypten

Kartoffeln aus Ägypten, das bringt sogar der Naturkosthandel fertig. Es ist der Zwang zur immer früheren Frühkartoffeln, der Wettbewerbsvorteile verschaffen soll. Eine Kartoffel aus Ägypten hat mit Ökologie und Nachhaltigkeit nichts zu tun. Auch wenn der ägyptische Bauer einen Demeter-Hof betreibt, so wird der für die Umwelt und den Menschen positive Effekt des ökologischen Anbaus in Ägypten durch den nachfolgend erforderlichen Transport von Ägypten nach Deutschland zunichte gemacht. Die Kartoffel aus dem Nachbardorf ist die bessere Alternative.

Weltweite, schnelle Transportmöglichkeiten mit dem Schiff und mit dem Flugzeug haben ungeahnte Warenaustauschmöglichkeiten geschaffen. Der Bauer in Ägypten ist und bleibt aber ein armer Mann und der Kartoffelverkäufer bei uns hat auch nur das Nötigste zum Leben. Verdienen werden daran vor allem der Transportunternehmer, die Fluggesellschaft oder die Reederei und vielleicht noch der Großhändler.

Dass diese Situation tatsächlich eintreten kann, ist einerseits eine Frage des gedankenlosen Konsums und der Einstellung des „Alles ist möglich und erlaubt". Andererseits ist sie ein Beispiel dafür, dass die niedrige Besteuerung von Energie (für den Transport) im Vergleich zur hohen Besteuerung von Arbeit (weil Energie gering besteuert ist) zu unsinnigen Handelsverhältnissen führt.

**Wein aus Hitzacker**

Wein aus Hitzacker, einer kleinen Stadt an der Elbe, den gibt es tatsächlich. Aber es gibt nur so viel Wein, dass eine größere Gesellschaft den Wein einer gesamten Ernte an einem Abend ausgetrunken hätte. Im Gegensatz zur Kartoffel ist es also erforderlich, den Wein aus den Gebieten zu holen, in denen er angebaut wird.

Natürlich muss der Wein auch transportiert werden. Aber es besteht ein großer Unterschied zur Kartoffel: Vorausgesetzt, dass auch unter ökologischen Bedingungen die Verfügbarkeit von Wein in Lüneburg akzeptabel ist, gibt es zu dem Transport des Weins nach Lüneburg keine Alternative. Auf dem Weg zu mehr Nachhaltigkeit und Ökologie ist schon ein großer Schritt getan, wenn offensichtlich Unsinniges vermieden wird. Nachhaltigkeit und Ökologie sollten zudem nicht Verzicht und Freudlosigkeit bedeuten, dann wären sie nicht durchsetzungsfähig.

**Kaffee aus Nicaragua**

Kaffee ist das dritte Produkt, das hier exemplarisch dargestellt werden soll. Er kommt z. B. aus Nicaragua, Mexiko, Guatemala oder Kolumbien oder auch aus Tansania oder Kenia. Den Kaffeebauern geht es mindestens ebenso schlecht wie dem Kartoffelbauern aus Ägypten. Sie leben meist in großer Armut und arbeiten weitgehend rechtlos auf den Kaffeeplantagen weniger Großgrundbesitzer oder Kaffeekonzerne.

Kaffee ist nach Erdöl das zweit wichtigste Welthandelsprodukt. Für den Handel gibt es zwei spezielle Börsen, eine in London und eine in New York. Zigtausend Tonnen Kaffee lagern in großen Silos und werden, je nach Bedarf und Preis, gekauft oder verkauft. Spekulation ist dabei ein wesentlicher Gesichtspunkt. An den Börsen wird mit dem Rohstoff Kaffee sehr viel Geld verdient. Der Kaffeebauer verdient am Kaffee nicht genug, um überleben zu können.

Übrigens auch der Supermarkt um die Ecke verdient so gut wie nichts am Kaffee. Häufig setzt er dabei sogar zu, nur um mit einem Pfundpreis von DM 5,99 gegenüber der Konkurrenz im Geschäft bleiben zu können. Ohne die Zusatzangebote in den Kaffeegeschäften, wie z. B. Computer, Bratpfannen, Badehandtücher oder goldene Ketten, wären die Kaffeepreise höher.

Aber beim Kaffee und bei einigen anderen Produkten gibt es auch ein anderes Handelsmodell, den sogenannten Fairen Handel. Fair heißt er deswegen, weil er den Kaffeebauern in den Anbauländern Preise garantiert, die eine auskömmliche Lebensgestaltung ermöglichen, weil der Erlös Spielraum bietet, soziale Einrichtungen, Schulen und andere Infrastruktur aufzubauen, weil ein Mehrpreis für ökologische Erzeugung gezahlt wird und weil der Faire Handel langfristige Abnahmeverträge abschließt.

Das Modell des Fairen Handels basiert auf Partnerschaft und nicht auf dem Prinzip, möglichst billig einzukaufen und möglichst teuer zu verkaufen.

Bis vor einigen Jahren wurde fair gehandelter Kaffee – wie auch Tee, Honig, Kunstgewerbe und Textilien – überwiegend in den sogenannten Dritte-Welt- oder Eine-Welt-Läden verkauft. Heute ist er auch in einigen Supermärkten, bei einem Versandhändler und bei Großverbrauchern zu finden, auch wenn es für die Fair Trade-Händler ein mühsamer Weg ist, ihn dort hin zu bekommen.

## Fairer Handel – Baustein der Lokalen Agenda 21[29]

In den Industriestaaten gehören Kaffee, Tee, Orangensaft, Schokolade, Bananen und Honig auf den täglichen Speisezettel und sind zu relativ niedrigen Preisen zu erwerben. Die Rohstoffe für diese Produkte werden in den sogenannten Entwicklungs- oder Schwellenländern Afrikas, Latein- und Mittelamerikas sowie Asiens angebaut. Oftmals ist nahezu das gesamte wirtschaftliche Wohl dieser Länder vom Export der Rohstoffe abhängig, was neben anderen Gründen eine mehr oder minder große wirtschaftliche Abhängigkeit von den Industriestaaten verursacht. So betrug z. B. 1995 der Kaffeeanteil am Gesamtexport Ugandas 92,5 %.

Für Millionen Menschen stellen Anbau, Pflege, Ernte und Verkauf der Rohstoffe die Lebensgrundlage dar. Ein Paradebeispiel für ungerechte Nord-Süd-Handelsstrukturen ist der Kaffeeanbau. Kaffee ist das beliebteste Getränk der Deutschen. Rund 350 Millionen Tassen werden täglich getrunken. So ist der Kaffeemarkt einer der lukrativsten im Lebensmittelsektor. Davon haben die Menschen in den Ländern des Südens, die vom Kaffeeanbau leben, jedoch nur wenig.

### Situation der Kaffeeproduzenten

Die Kaffeeproduzenten arbeiten entweder als weitgehend rechtlose Saisonarbeiter auf Plantagen oder im kleinbäuerlichen Familienbetrieb.

---

29 „Fairer Handel-Baustein der Lokalen Agenda 21" aus: Gerdsen/Niebank (1999)

Die Arbeitsbedingungen auf den Plantagen sind meist menschenunwürdig: Der Lohn ist sehr gering; die Unterkünfte schlecht; es gibt weder Trinkwasser und Strom noch medizinische Versorgung. Kinderarbeit ist keine Seltenheit.

Im Unterschied zu den Plantagenarbeitern besitzen Kleinbauern ein eigenes Stück Land und bauen neben Kaffee Grundnahrungsmittel für den eigenen Bedarf an. Zur Eigenvermarktung des Kaffees sind sie meist nicht in der Lage. Sie sind von Zwischenhändlern abhängig, die ihnen die Rohkaffeebohnen abnehmen und nur einen Bruchteil des Weltmarktpreises bezahlen. Oftmals decken die Preise nicht einmal die Produktionskosten, sodass die Kleinbauern am Rande des Existenzminimums leben. Jene, die sich durch den Zusammenschluss zu Kooperativen oder Genossenschaften aus der Abhängigkeit von den Zwischenhändlern befreit haben und ihren Kaffee bereits auf den Weltmarkt bringen, erhalten allerdings ebenfalls nur einen Bruchteil des Ladenpreises (etwa 5 %), den die Konsumenten in den Industrieländern für den Kaffee bezahlen. Sie sind besonders durch den Verfall der Weltmarktpreise gefährdet und von Verelendung bedroht.

## Fairer Handel

Seit Beginn der Siebziger Jahre engagieren sich kirchliche und karitative Organisationen, Solidaritätsgruppen sowie Dritte-Welt-Läden aus unterschiedlichen Motiven für die Förderung des Fairen Handels mit der „Dritten Welt". Inzwischen stützt sich der Faire Handel auf ein breites Bündnis alternativer, entwicklungspolitischer und kirchlicher Gruppen und Organisationen. Ziel dieser ist ein faires Handelsverhältnis zwischen Nord und Süd und damit gleichzeitig die Bekämpfung ungerechter Wirtschaftsstrukturen. Der Faire Handel setzt auf partnerschaftliche Handelsbeziehungen. Ziel ist daher auch die Verbesserung der Lebens- und Arbeitsbedingungen der benachteiligten Produzentengruppen in Afrika, Lateinamerika und Asien.

Fairer Handel bedeutet u. a.:
- Direkteinkauf ohne Zwischenhändler bei den Erzeugern, die sich zu Genossenschaften zusammengeschlossen haben,
- Produktionskosten deckende Preise,
- das Ermöglichen von Investitionen in den Dörfern, z. B. für Schulbauten, Trinkwasseranlagen,
- langfristige Lieferbeziehungen,
- Vorschüsse auf die zu erwartende Ernte,
- Vermeidung von Kinderarbeit,
- Förderung ökologischer Anbaumethoden,
- Erzeugung qualitativ hochwertiger Produkte.

Der Faire Handel ist ein Baustein der Agenda 21, denn er trägt zur sozial gerechten, ökologisch tragfähigen und wirtschaftlichen Entwicklung in den Erzeugerländern bei: Die Sicherung der Existenz der Produzenten ist gewährleistet; der ländlichen Entwicklung werden wichtige Impulse gegeben und dem Anwachsen der Slums in den großen Städten entgegen gewirkt. $CO_2$-Emissionen werden im Vergleich zum konventionellen Handel verringert, die Gesundheit der Produzenten geschützt und die Vergiftung der Umwelt verhindert.

## Akteure des Fairen Handels

Hauptakteure des Fairen Handels sind die Importorganisationen und die Weltläden. In Deutschland gibt es etwa 700 Weltläden und mehrere Tausend Aktionsgruppen.

Der seit 1992 in der BRD existierende „Verein zur Förderung des Fairen Handels mit der Dritten Welt – TransFair e. V." ist eine gemeinnützige und unabhängige Initiative, die gegen Zahlung einer Lizenzgebühr ein Gütesiegel für kontrolliert Fairen Handel vergibt. Sie wird von rund 40 Organisationen, u. a. aus den Bereichen Kirche, Entwicklungspolitik und Verbraucherschutz, getragen. Aufgaben von TransFair e. V. sind u. a. den Bekanntheitsgrad der Idee des Fairen

Handels zu steigern und die Nachfrage zu Gunsten der benachteiligten Produzentengruppen zu fördern.

Die Lizenznehmer (Importeure, Handelsorganisationen), die Produkte mit dem TransFair-Siegel anbieten, müssen sich streng an die Richtlinien halten. Die Produzentengruppen, z. B. Kleinbauerngenossenschaften, die in das Produzentenregister aufgenommen werden wollen, müssen ebenfalls bestimmte Kriterien wie politische Unabhängigkeit, demokratische Struktur, Unterstützung von langfristiger Umstellung auf ökologische Anbauweise etc. erfüllen.

## FLO International

Die 15 Siegelinitiativen der europäischen Länder, der USA und Japans haben sich 1997 zu einem internationalen Dachverband zusammengeschlossen, der FLO International (Fair Trade Labelling Organisations International). Diese legt die Kriterien für den Fairen Handel mit den einzelnen Produktgruppen fest. Zur Zeit wird das TransFair-Siegel für Kaffee, Tee, Schokolade, Kakao, Honig, Bonbons, Bananen und Orangensaft vergeben.

## Alternative Importorganisationen als Lizenznehmer

Die alternativen Importorganisationen nehmen Lebensmittel, Handwerksartikel und andere Waren von den Produzentengruppen bzw. Genossenschaften ab und vertreiben diese in der Bundesrepublik. Sie verstehen sich als Partner der Produzentengruppen. Organisationen, die in größerem Umfang Lebensmittel importieren, sind „gepa" (Gesellschaft zur Förderung der Partnerschaft mit der Dritten Welt), „El Puente" („Die Brücke") und „dritte-welt-partner Ravensburg". Während der Marktführer des Fairen Handels, die gepa, sowohl Weltläden und Aktionsgruppen als auch Einzelhandel und Großverbraucher wie

Behörden und Kantinen beliefert, bieten dritte-welt-partner Ravensburg und El Puente ihre Produkte über die Weltläden an. Beide verzichten auf das TransFair-Siegel und betrachten den alternativen Handel als geschlossenes Non-Profit-System. Hingegen versieht die gepa ihre Produkte mit dem Siegel.

Auch konventionelle Import- und Handelsorganisationen sind Lizenznehmer und haben fair gehandelte Lebensmittel in ihre Produktpalette aufgenommen. Bei Kaffee sind dies z.B. Arko-Kaffee, Tempelmann Kaffee und Drie Mollen Holding.

Daher werden fair gehandelte Lebens- und Genussmittel inzwischen sowohl in den alternativen Weltläden als auch in zahlreichen Supermärkten und Lebensmitteleinzelhandelsgeschäften verkauft. Im Gegensatz zu diesen verstehen sich die Weltläden als Fachgeschäfte des Fairen Handels. Neben dem Verkauf einer breiten Palette fair gehandelter Waren betreiben sie Informations- und Bildungsarbeit und setzen sich damit z.B. für gerechtere Welthandelsstrukturen ein.

**Aluminiumfolie**

Anhand einer Rolle Aluminiumfolie soll im Folgenden deutlich gemacht werden, dass es viele Dinge gibt, die zwar billig einzukaufen sind, aber dennoch teuer bezahlt werden müssen.

Ein typisches Beispiel: Eine Rolle Aluminiumfolie kostet im Supermarkt 99 Pfennige. Im Ergebnis bezahlen wir dafür aber DM 7,00.

**Der wahre Preis**

Aluminium wird aus dem Rohstoff Bauxit hergestellt. Sehr viel von diesen Rohstoffvorkommen gibt es z.B. in Lateinamerika. Für die Gewinnung von Bauxit und Rohaluminium ist sehr viel Energie erforderlich. Um diese Energie zu erzeugen, werden riesige Staudämme gebaut und es bilden sich gewaltige Stauseen, an deren Rändern Kraftwerke gebaut werden. Dabei werden Regenwälder überschwemmt und vernichtet, die in ihnen lebenden indigenen Völker vertrieben. Finanziert werden diese Staudämme von der Weltbank. Weltbankprojekte repräsentieren vor allem die Interessen der Industrienationen. Und woher kommt das Geld der Weltbank? Es sind z. B. unsere Steuergelder. Das ist die erste zusätzliche Mark, die für die Aluminiumfolie bezahlt wird, einmal ganz abgesehen von der Regenwaldzerstörung und der Menschenvertreibung.

Auch Kohlekraftwerke sorgen für die notwendige Energiegewinnung. Zahllose Kinder holen die Kohle aus den Bergwerksstollen ans Tageslicht, bis zu zwölf Stunden arbeiten sie dabei unter Tage und bekommen nur einen Hungerlohn. Aber warum müssen die Kinder arbeiten? Weil ihre Eltern auch sehr wenig Geld verdienen und die Familie ohne die Arbeit der Kinder noch schlechter da stehen würde. Wenn es gerechter zugehen würde, müssten die Menschen in Lateinamerika mehr Geld für ihre Arbeit bekommen. Und wenn das so wäre, dann müsste die Aluminiumfolie wahrscheinlich noch eine Mark teurer sein. Aber die Mark können wir sparen, denn soweit ist es ja noch nicht.

Der Transport des Erzes oder des Rohaluminiums von z. B. Brasilien nach Europa erfolgt mit Schiffen. Aber gibt es eine deutsche Werft, die ohne Subventionen auskommt? Sind es nicht wieder Steuergelder, mit denen die Werften über Wasser gehalten werden? Hier wird die Aluminiumfolie das zweite Mal bezahlt.

Die sogenannte „Veredelung" des Aluminiums, damit wir daraus Fensterrahmen, Automotoren, Dosen und eben Aluminiumfolie machen können, erfolgt in den Industrieländern unter extrem hohen Energieeinsatz. Unter anderem auch diese Verarbeitung sorgte für Atomkraftwerke. Gerade in den vergangenen Monaten war deutlich zu hören, was der Betrieb und vor allem noch das Ende der atomaren Stromerzeugung kostet und noch kosten wird. Die Milliarden schweren Rückstellungen der Energiekonzerne sparen diesen große Summen Steuern und führen beim Staat zu entsprechenden Mindereinnahmen. Dafür zahlen die einfachen Bürger mehr Steuern. Jetzt wurde die Aluminiumfolie schon drei mal bezahlt. Und die Atomkonzerne machen kräftige Gewinne.

Bertolt Brecht schrieb einmal: Reicher Mann und armer Mann standen da, und sah'n sich an. Und der Arme sagte bleich: „Wär' ich nicht arm, wärst du nicht reich."

Zurück zur Aluminiumfolie: Die Industrie bekommt, weil sie Großabnehmerin ist, kräftige Rabatte auf den Strompreis. Sie zahlt nur etwa 10 bis 20 Prozent des Preises, den der Normalverbraucher bezahlen muss. Für diesen ist der Strom dafür teurer. Durch die billigen Stromtarife für die Industrie und den teuren Strompreis für die Bürgerinnen und Bürger wird eine weitere Mark für die Aluminiumfolie bezahlt.

Ein weiterer „Veredelungs"schritt erfolgt z.B. in der Norddeutschen Affinerie in Hamburg. U.a. der dabei entstandene Giftmüll führte zur Mülldeponie Georgswerder. Die Sanierung dieser Giftmülldeponie hat den Staat viele hundert Millionen Mark gekostet. Das ist schon die fünfte Mark für die Aluminiumfolie, denn der Staat sind wir, zumindest, was die Kassen anbelangt.

Ein letzter Blick auf die „Veredelung" von Aluminium, und hier ist das Wort besonders zynisch: Der Betrieb der Norddeutschen Affinerie und die Giftmülldeponie Georgswerder haben viele Menschen krank gemacht, vor allem die Arbeiterinnen und Arbeiter. Es heißt, dass kaum einer länger als bis zum 50. Lebensjahr dort gearbeitet hat. Und dann war er Frührentner und sie Frührentnerin. Über die Kranken- und Rentenversicherungsbeiträge wurde die Aluminiumfolie das sechste Mal bezahlt.

Das siebte Mal wird die Aluminiumfolie beim tatsächlichen Einkauf im Supermarkt bezahlt. Und sie kostete wirklich nur 99 Pfennige.

Natürlich haben diese Zahlen nur Beispielcharakter, sie sind nicht exakt ermittelt. Dennoch lässt die Tendenz dieser Zahlen die Zusammenhänge erkennen. Mit wenig Mühe lassen sich noch viele weitere Kosten finden, die nicht in die Kalkulation der Aluminiumfolie eingeflossen sind: Klimaänderungen durch Regenwaldzerstörung, Grundwasserverschmutzungen durch Giftmüll oder 100 Millionen Mark für den Polizeieinsatz beim letzten Castor-Transport in Gorleben.

## Folgerungen

Einige Folgerungen aus diesen vier Beispielen sollen kurz angesprochen werden:

Was sind eigentlich unsere Wertmaßstäbe und wo liegt unsere Verantwortung? Ganz offensichtlich sind die Wertmaßstäbe vieler, die Verantwortung in der Wirtschaft tragen sollen, nur betriebswirtschaftlicher Natur. Das soll heißen: Es orientiert sich alles am Geld. Maßstäbe wie Gesundheit, Partnerschaftlichkeit, Gerechtigkeit und Menschenrechte sind nicht mehr gefragt, weil sie kurzfristig keine Dividende abwerfen.

Aber es gibt auch Gegenentwürfe. In einer Zeitschrift, die von einer kleinen und außergewöhnlichen Bank herausgegeben wird[30], heißt es: Der Umgang mit Geld wird ein deutlich anderer, wenn er nicht mehr unter dem Gesichtspunkt des Vermehrens oder des Daran-Verdienens steht.

Die Konzentration in der Lebensmittelindustrie und im Handel im Zuge der sogenannten Globalisierung führt zu immer größeren Einheiten, z. B. in der Landwirtschaft, zu immer mehr Transporten, und vor allem zu immer minderwertigeren Produkten. Dabei müssen wir uns vor Augen halten, dass große Einheiten auch zu großen Fehlern führen können.

---

30 Bankenspiegel, GLS Gemeinschaftsbank eG, Oskar-Hoffmanstr. 25, 44789 Bochum, Tel. 0234/57970

Dem gegenüber stehen unzählige regionale Initiativen mit hervorragenden Produkten, kurzen Transportwegen und weniger Zwischenhandel. Das Produkt und der Konsument bekommen eine Beziehung zueinander und der Wettbewerb in der Region schafft zusätzliche Vielfalt und Qualität. Der Landwirt von nebenan wird dafür sorgen, dass seine Wurst und sein Käse gut schmecken, wenn er weiß, dass seine Nachbarn auch seine Kunden sind.

Es gibt eine Vielzahl von Publikationen, die über regionale Entwicklungen berichten. Eine davon soll hier besonders erwähnen, weil sie staunen lässt und Mut macht: Es ist der „Leitfaden zur Regionalentwicklung", herausgegeben von der „Arbeitsgemeinschaft bäuerliche Landwirtschaft (AbL)". Hier werden zahllose, tatsächlich realisierte regionale, nachhaltige Konzepte beschrieben, die zur Nachahmung und Weiterentwicklung anregen (Leitfaden zur Regionalentwicklung o. J.).

Der Faire Handel ist eine weitere hoffnungsvolle Entwicklung. Aber er hat es schwer in Deutschland. So lange nicht größere Unternehmen den Sinn und die Notwendigkeit eines Wertewandels erkennen und auch in größeren Zusammenhängen Verantwortung übernehmen, wird sein Marktanteil klein bleiben.

Abschließend sei noch einmal ein Gedanke hervorgehoben, der eine Wende zu mehr Nachhaltigkeit und Ökologie bewirken kann: Wenn unser Wertmaßstab nicht mehr das Geld ist, dann sind auch die, die viel davon haben, nicht mehr so wichtig.

## Literatur

Baum, H./Offenhäußer, D. (Hrsg., 1994): Kaffee. Armut – Macht – Märkte. Ein Produkt und seine Folgen. Unkel: Horlemann-Verlag

Braßel, F./Windfuhr, M. (1995): Welthandel und Menschenrechte. Bonn: Dietz-Verlag

Bundesverband Die Verbraucher-Initiative (Hrsg., 2000): Fairer Handel. Mehr Gerechtigkeit im Handel mit der „Dritten Welt". Bonn: VI Verlags- und Handelsgesellschaft

Coote, B. (1994): Der unfaire Handel. Die „Dritte Welt" in der Handelsfalle. Stuttgart: Schmetterling Verlag

European Fair Trade Association (EFTA) (Hrsg., 1998–2000): Fair Trade Jahrbuch. Köln: Misereor Medienproduktion und Vertriebsgesellschaft

Gerdsen, J./Niebank, K./Heinrich-Böll-Haus Lüneburg (1999): Klima-Bündnis-Rundbrief. Schwerpunkt Klimabildung/Fairer Handel, Nr. 24, H. 11

Laden im Dritte-Welt-Haus Bielefeld (Hrsg., 1999): Entweder/Oder. Lebensmittelprojekte des alternativen Dritte-Welt-Handels. Bielefeld

Launer, E. (Hrsg., 2000): Zum Beispiel Fairer Handel. Göttingen: Lamuv-Verlag

Leitfaden zur Regionalentwicklung (o.J.), ABL Bauernblatt Verlag, Marienfelder Straße 14, 33378 Rheda-Wiedenbrück, Tel. 0 52 42/4 81 85

Misereor (Hrsg., 1998): Der Kampf um die Braune Bohne. Eine Geschichte von Kaffeebauern in Guatemala. Comic. 1998. Köln: Medienproduktion und Vertriebsgesellschaft

Misereor/Brot für die Welt/TransFair (Hrsg., 1996): Kaffee. Materialien zum fair gehandelten Kaffee1. Materialheft, 24 S. 2. Diaserie, 37 Dias. 3. Video. Köln: Misereor Medienproduktion und Vertriebsgesellschaft

Neuberger, G. (Hrsg., 1999): Zum Beispiel Kaffee. Göttingen: Lamuv-Verlag

TransFair (Hrsg., 1999): Die süße Scheibe von TransFair. Durchblick, Fun und Action rund um den Fairen Handel. CD-ROM. Köln: Misereor Medienproduktion und Vertriebsgesellschaft

Transfair (Hrsg., 1999): Die Welthandelsdebatte. Eine Herausforderung für den Fairen Handel. Köln: Misereor Medienproduktion und Vertriebsgesellschaft

Windfuhr, M. (Hrsg., 1995): Zum Beispiel Welthandel. Göttingen: Lamuv-Verlag

# Autorinnen und Autoren

**Breckner**, Ingrid, Dr. rer. soc., seit 1995 Universitätsprofessorin für Stadt- und Regionalsoziologie im Studiengang Stadtplanung der Technischen Universität Hamburg-Harburg; davor Forschung zu sozialpolitischen und modernisierungstheoretischen Fragen, u. a. zu einem EU-Modellvorhaben im Bereich wohnungspolitischer Armutsbekämpfung (WOHNforum München gGmbH); Gastprofessur am Fachbereich Architektur/Stadtplanung/Landschaftsplanung der Universität/Gesamthochschule Kassel
Anschrift: Prof. Dr. Ingrid Breckner, Technische Universität Hamburg-Harburg, AB 1-06, 21071 Hamburg.

**Greverus**, Ina-Maria, Prof. em. Dr. phil., 1974–1997 Geschäftsführende Direktorin des von ihr gegründeten Instituts für Kulturanthropologie und Europäische Ethnologie der Universität Frankfurt/Main; 1997 Überreichung der Goethe-Plakette des Landes Hessen. Begründung und Mitherausgabe der Schriftenreihe des Instituts „Kulturanthropologie Notizen" und der internationalen Zeitschrift „Anthropological Journal on European Cultures"; Einführung des Projektstudiums „Forschendes Lernen" mit Studierenden; bisher eigene Leitung von 20 Studienprojekten
Anschrift: Prof. Dr. Ina-Maria Greverus, Institut für Kulturanthropologie und Europäische Ethnologie der Johann Wolfgang Goethe-Universität Frankfurt a.M., Bettinaplatz 5, 60325 Frankfurt a.M.

**Grießhammer**, Rainer, Dr. rer. nat. und Diplomchemiker, Koordinator des Bereichs „Produkte und Stoffströme" des Öko-Instituts und geschäftsführender Vorstand der Stiftung Zukunftserbe; Sachverständiger der Kommission „Schutz des Menschen und der Umwelt" im Deutschen Bundestag (1992–1994); Arbeitsschwerpunkte nachhalti-

# Autorinnen und Autoren — 179

ge Produktentwicklung und -bewertung, Ökobilanzen und Produktlinienanalysen, Chemiepolitik und Verbraucherfragen
Anschrift: Dr. Rainer Grießhammer, Öko-Institut Freiburg, Postfach 6226, 79038 Freiburg i.Br.

**Hellfritz**, Ulrich, Mitglied des Vorstandes des Heinrich-Böll-Hauses Lüneburg und Inhaber des Eine-Welt- und Umwelt-Ladens im Heinrich-Böll-Haus Lüneburg und im Campus-Center der Universität Lüneburg
Anschrift: Ulrich Hellfritz, Heinrich-Böll-Haus, Katzenstr. 2, 21335 Lüneburg

**Hoppe**, Klaus, 1990 bis 1994 Referent für Ökologie und Finanzen im Allgemeinen Studierendenausschuß der Universität Lüneburg; 1990–1995 Vertreter des Gen-ethischen Netzwerks in Lüneburg, 1994 Projektleiter beim Umbau eines Kasernengebäudes zu einem Wohnheim in studentischer Eigeninitiative, Initiator und Gründungsmitglied des Vereins Campus e.V.; 1997–1999 Geschäftsführer des Vereines, seit Januar 2000 Geschäftsführer der Campus Management GmbH mit den Bereichen Bau, Car-Sharing und Energie
Anschrift: Klaus Hoppe, Campus GmbH, Scharnhorststr. 1, 21335 Lüneburg

**Juckwer**, Antje, studiert Sozialwesen an der Fachhochschule Nordostniedersachsen, Mitglied der studentischen Einkaufskooperative Ratatouille
Anschrift: Antje Juckwer, Nutzfelde 3, 29379 Scharnebeck

**Jungbluth**, Olaf, studiert Umweltwissenschaften an der Universität Lüneburg; Mitglied der studentischen Einkaufskooperative KornKonnection
Anschrift: Olaf Jungbluth, Feldstr. 2, 21335 Lüneburg

**Mayer**, Lothar, seit den 1970er Jahren in der Umweltbewegung engagiert; Mitbegründer von B.A.U.M. (Bürger-Aktion Umweltschutz München) und Vorfahrt für Menschen; seit 1995 Vorsitzender der E. F. Schumacher-Gesellschaft für Politische Ökologie. Arbeitsschwerpunkt: Verbindungen zwischen der kapitalistischen Marktwirtschaft und der ökologischen Krise
Anschrift: Lothar Mayer, Nordseestr. 3, 80805 München

**Schell**, Ulrike, Dipl. oec. troph., seit 1982 wissenschaftliche Mitarbeiterin bei der Verbraucher-Zentrale NRW e. V.; seit 1986 Leiterin der Gruppe Umwelt, in diesem Zusammenhang u. a. zuständig für Fragen des „Nachhaltigen Konsumverhaltens" und von Konsumaspekten in Lokale Agenda-Prozessen
Anschrift: Ulrike Schell, Verbraucher-Zentrale Nordrhein-Westfalen, Mintropstr. 27, 40215 Düsseldorf

**Schrader**, Ulf, Dipl. Ök., studierte Wirtschaftswissenschaften, Politologie und Soziologie in Göttingen, Dublin und Hannover; wissenschaftlicher Mitarbeiter am Lehrstuhl Marketing I: Markt und Konsum (*muk*) der Universität Hannover; Projektleiter im Forschungsfeld Ökologisches Marketing/Nachhaltiger Konsum
Anschrift: Ulf Schrader, Universität Hannover, Institut für Betriebsforschung, Königsworther Platz 1, 30167 Hannover

**Schreiber**, Oda, studiert Kulturwissenschaften/Ökologie an der Universität Lüneburg; Mitglied der studentischen Einkaufskooperative Ratatouille
Anschrift: Oda Schreiber, An der Landwehr 59, 21391 Reppenstedt

**Stoltenberg**, Ute, Dr. rer. soc., seit 1995 Universitätsprofessorin für Sachunterricht und seine Didaktik an der Universität Lüneburg; Lehre und Forschung zu Umweltkommunikation/Umweltbildung auch am Fachbereich Umweltwissenschaften; verantwortlich für das Teilprojekt „Lebenswelt Hochschule" im Rahmen des Projekts „Agenda 21 und Universität Lüneburg"

Autorinnen und Autoren ─────────────── 181

Anschrift: Prof. Dr. Ute Stoltenberg, Universität Lüneburg, Scharnhorststr. 1, 21335 Lüneburg

**Winterfeld**, Uta von, Dr. phil.; seit 1990 im Bereich der ökologischen Forschung teilzeiterwerbstätig, bis 1993 am Institut für ökologische Wirtschaftsforschung, seit 1993 am Wuppertal Institut für Klima, Umwelt und Energie in der Arbeitsgruppe Neue Wohlstandsmodelle und im FrauenWIssen. Arbeitsgebiete: Politische Naturphilosophie und Geschlechterverhältnis, Ökologie von Zeit und Rhythmus, Arbeit und Ökologie – insbesondere in der Landwirtschaft
Anschrift: Dr. Uta von Winterfeld, Wuppertal-Institut für Klima, Umwelt, Energie, Döppersberg 19, 42103 Wuppertal

## Gesellschaftswissenschaftliche Veröffentlichungen bei VAS

Leicht-Eckardt, Platzer, Schrader, Schreiner (Hrsg)
**Öko-Audit – Grundlagen und Erfahrungen**
Chancen des Umweltmanagements für die Praxis
ISBN 3-88864-099-7 · 1996 · 135 Seiten · 26 DM

Wissenschaftsladen Gießen e.V. (Hrsg.)
**Perspektiven kommunaler Umweltberatung**
Ein praxisorientiertes Forschungsprojekt
ISBN 3-88864-202-7 · 1996 · 120 Seiten · 26 DM

Norbert Krah (Hrsg.)
**Technik und Gesellschaft in Ambivalenz**
Ein Jahrzehnt wissenschaftlich-technische
Fachtagungen in Schmalkalden
RWZ – Materialien · Analysen · Fakten, Band 5
ISBN 3-88864-232-9 · 1997 · 267 Seiten · 30 DM

Haidi Streletz
**Bio- und Gentechnologie**
– Ein Kompendium für Interessierte
ISBN 3-88864-277-9 · 1999 · 100 Seiten · 20 DM

ZEW (Hrsg.)
**Ökologische Verantwortung der Hochschule –**
Umweltwochen zwischen Alibi und Aktion
Bearbeitung: Martin Beyersdorf
Dokumentationen z. wissensch. Weiterbildung, Band 26
ISBN 3-88864-050-4 · 1993 · 180 Seiten · 28 DM

B. Claussen, D. Fürst, K. Selle, H. Sinning
**Zukunftsaufgabe Moderation – Herausforderung in Raum- und Umweltplanung**
Dokumentationen z. wissensch. Weiterbildung, Band 28
ISBN 3-88864-208-6 · 1996 · 150 Seiten · 26 DM

Verlag für Akademische Schriften
Kurfürstenstraße 18 • 60486 Frankfurt
Telefon (0 69) 77 93 66 • Fax (0 69) 7 07 39 67
e-mail: info@vas-verlag.de • internet: www.vas-verlag.de

**VAS**

## Wissenschaft in gesellschaftlicher Verantwortung

Für ein vollständiges Verzeichnis
der Titel dieser Reihe fordern Sie
bitte den Sonderprospekt an.

REIHE
WISSENSCHAFT IN
GESELLSCHAFTLICHER
VERANTWORTUNG

Band 26:
Rolf Arnold: **NATUR ALS VORBILD**
– Selbstorganisation als Modell der Pädagogik,
ISBN 3-88864-126-8, 8 DM

Band 34:
Klaus Sojka: **UMWELTSCHUTZ UND UMWELTRECHT** –
zur Unterrichtung und für die Praxis
ISBN 3-88864-134-9 · 16 DM (Doppelheft)

Band 36:
Dietmar Bolscho: **UMWELTBEWUSSTSEIN ZWISCHEN
ANSPRUCH UND WIRKLICHKEIT**
– Anmerkungen zu einem Dilemma
ISBN 3-88864-136-5, 8 DM

Band 39:
Ulrich Pfister, Guido Block-Künzler:
**MITARBEITERBETEILIGUNG IM BETRIEBLICHEN
UMWELTSCHUTZ** – Erfahrungen – Vorschläge
ISBN 3-88864-140-3

Band 41:
Horst Siebert: **BILDUNGSARBEIT –
konstruktivistisch betrachtet**
ISBN 3-88864-141-1, 8 DM

Band 42:
Günter Altner, Gerd Michelsen (Hg.):
**ZUKÜNFTIGE ENERGIEPOLITIK**
– Konsens jetzt!
ISBN 3-88864-142-X, 16 DM

Verlag für Akademische Schriften
Kurfürstenstraße 18 • 60486 Frankfurt
Telefon (069) 77 93 66 • Fax (069) 7 07 39 67
e-mail: info@vas-verlag.de • internet: www.vas-verlag.de

**VAS**

# Reihe: Innovation in den Hochschulen – Nachhaltige Entwicklung

**Herausgeber: Prof. Dr. Andreas Fischer, Prof. Dr. Gerd Michelsen und Prof. Dr. Ute Stoltenberg, Universität Lüneburg**

Die Reihe „Innovation in den Hochschulen – Nachhaltige Entwicklung" will die Informationen und Erfahrungen im Rahmen eines universitären Agendaprozesses weitergeben. Konsequenzen einer nachhaltigen Entwicklung für den Innovationsprozess an Hochschulen sollen zur Diskussion gestellt werden. Ziel ist eine ausführliche Auseinandersetzung darüber in Wissenschaft und Öffentlichkeit. Ausgangspunkt für die verschiedenen Veröffentlichungen in der Reihe ist das Projekt „Agenda 21 und Universität Lüneburg".

**Band 1:**
Gerd Michelsen (Hrsg.)
### Sustainable Universität
**Auf dem Weg zu einem universitären Agendaprozeß**
ISBN 3-88864-290-6 • 250 S. • 2000 • 25 DM

In dem Band „Sustainable University" wird der Weg zu einem universitären Agendaprozess abgebildet. In verschiedenen Beiträgen werden die Einzelvorhaben des Forschungs- und Entwicklungsprojektes „Agenda 21 und Universität Lüneburg" vorgestellt und in einen wissenschaftlichen Begründungszusammenhang gestellt. Die Vorhaben illustrieren den sehr vielschichtigen Weg, der an der Universität Lüneburg gegangen wird, um das Leitbild einer nachhaltigen Entwicklung an einer Hochschule umzusetzten. Folgende Themen stehen im Mittelpunkt: Umweltmanagement an Hochschulen, rationelle Ressourcennutzung, Lebenswelt Hochschule, Lehre und Interdisziplinarität, Nachhaltigkeit und Kunst sowie der Bedeutung der Kommunikation im Rahmen eines universitären Agenda-Prozesses.

Eine Einordnung der eigenen Aktivitäten in den Kontext anderer Initiativen im Hochschulbereich auf nationaler Ebene runden den Band ab.

**Band 2:**
Ute Stoltenberg (Hrsg.)
### Lebenswelt Hochschule
**– Raum-Bildung, Konsum-Muster und Kommunikation für eine nachhaltige Entwicklung**
ISBN 3-88864-310-4 • 181 S. • 25 DM

**Band 3:**
Andreas Fischer (Hrsg.)
### Vom schwierigen Vergnügen einer Kommunikation über die Idee der Nachhaltigkeit
ISBN 3-88864-311-2 • ca. 150 Seiten • 25 DM

**Sonderband:**
Ute Stoltenberg/Eriuccio Nora (Ed.)
### Lokale Agenda 21 / Agenda 21 Locale
**– Akteure und Aktionen in Deutschland und Italien**
**– Attori ed Azioni in Germania ed in Italia**
ISBN 3-88864-307-4 • 2000 • 293 S. • 29,80 DM

**Weitere Informationen zur Reihe:**
Innerhalb der kommenden zwei Jahre werden ca. acht bis zehn Bände erscheinen zu den Themenschwerpunkten: Umweltmanagementsystem • Energie • Lebenswelt Hochschule • Lehre & Interdisziplinarität • Nachhaltigkeit & Kunst • Information & Kommunikation • Internet

**Abonnement:** Die Reihe kann auch beim Verlag abonniert werden – versandkostenfrei (siehe Bestellformular).

Verlag für Akademische Schriften
Kurfürstenstraße 18 • 60486 Frankfurt
Telefon (069) 77 93 66 • Fax (069) 70 73 9 67
e-mail: info@vas-verlag.de • internet: www.vas-verlag.de

**VAS**